KB262667

장애학생 고등교육을 위한

e-러닝과 보편적 설계

Universal Design

내일을여는지식 교육 11

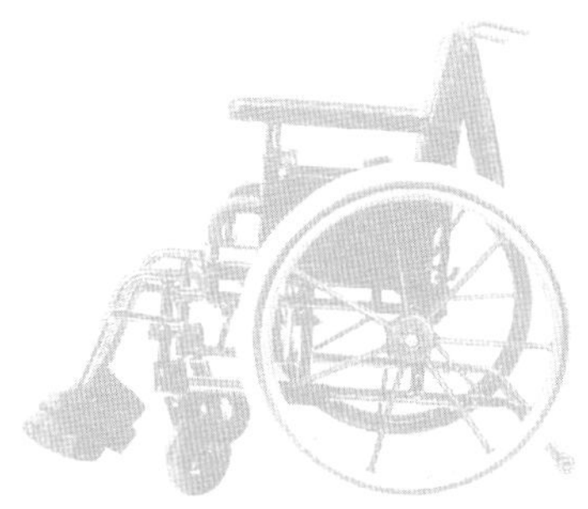

장애학생 고등교육을 위한

e-러닝과 보편적 설계
Universal Design

손지영 지음

한국학술정보㈜

장애학생의 대학교육 기회는 확대되었으나, 대학학습의 어려움으로 인해 장애대학생의 중도 탈락률은 점차 증가하고 있다. 이에 장애대학생을 위한 체계적인 교수·학습 지원방안을 마련하는 것이 시급한 상황이다. e-러닝(e-Learning)은 인터넷과 테크놀로지를 활용하여 장애학생의 개별적 요구에 적합한 고등교육을 제공할 수 있는 장점을 가진다. 이러한 맥락에서 장애학생의 대학학습 지원을 위해 e-러닝의 장점을 적극적으로 활용하는 것이 필요하다. 그리고 장애학생이 e-러닝의 접근과 활용 과정에서 제한을 경험하지 않고 효과적으로 학습할 수 있도록 보편적 설계(Universal Design) 원리에 근거하여 e-러닝이 설계되어야 할 것이다.

보편적 설계는 장애인을 포함하여 다양한 특성을 가진 사용자들을 처음부터 고려해서 모든 사용자들이 시설이나 환경을 편리하게 사용할 수 있도록 설계하는 원리이다. 이것은 최근에 교수·학습 분야에 적용되어 장애학생을 위한 대안적 교수 설계 원리로 제안되었다. 특히, 장애학생들의 통합적인 교수 환경 구성을 위해 보편적 설계 원리가 필요하며, e-러닝 환경에서 장애학생이 접근의 제한

없이 효과적으로 학습할 수 있도록 보편적 설계 원리에 기초하여 e-러닝이 설계되어야 할 것이다.

이 책은 2008년 한국교육학회 '교육학박사학위논문상'을 수상한 본인의 박사학위논문 중 일부를 수정한 것으로서, 주로 시각·청각·지체장애 학생을 대상으로 하는 보편적 설계 기반의 e-러닝 설계 전략을 제안하고 있다. 그리고 이러한 설계 전략과 이를 구현한 e-러닝 프로그램 개발의 적용 사례를 함께 보여주고 있어서, 최근의 장애학생 고등교육 현장에 적용할 수 있는 e-러닝 개발의 실제적인 지식과 정보를 제공해 주고 있다.

1장에서는 '장애학생 고등교육과 e-러닝'이라는 제목으로 고등교육 환경에서 시각·청각·지체장애 학생들의 교수·학습적 요구에 대해 설명하고 현재의 장애학생 고등교육 지원 현황과 그 문제점에 대해 언급하였다. 또한 이러한 현 상황에서 장애학생 교육에 e-러닝이 가져다줄 수 있는 잠재적인 가능성에 대해 설명하면서 e-러닝 활용의 필요성을 강조하였다.

2장에서는 'e-러닝에서 웹 접근성과 보편적 설계'라는 제목으로

e-러닝에서 웹 접근성의 중요성에 대해 설명하면서 국내외 여러 가지 웹 접근성 지침들과 관련 연구들에 대해 소개하고 있다. 그리고 보편적 설계의 개념과 특징을 제시하면서 e-러닝에서 보편적 설계가 왜 필요한지에 대해 설명하고 있다.

3장에서는 '교육에서 보편적 설계 원리의 적용'이라는 제목으로 교육 환경에서 보편적 설계 원리의 필요성과 교육에 미치는 영향력에 대해 논하고 있다. 그리고 교수·학습 환경에서 보편적 설계 원리를 적용한 다양한 모델들을 소개하면서, 각 전략들의 특징을 비교하여 제시하였다.

4장에서는 기존의 보편적 설계 원리 적용 전략 분석을 통해 도출된 e-러닝 설계 전략을 구체적으로 e-러닝 개발 과정에 적용하는 사례를 제시하였다. 'e-러닝에서 보편적 설계 원리의 적용 사례'라는 제목으로 e-러닝 프로그램을 위한 분석, 설계, 개발 과정에서 보편적 설계 기반의 e-러닝 설계 전략이 어떻게 적용될 수 있는지를 구체적으로 보여주고 있다.

5장에서는 4장에서 다루었던 e-러닝 사례 적용 과정에서 수집된 자료를 토대로 하여 최종적으로 장애학생을 위한 보편적 설계 기반의 e-러닝 설계 전략을 제시해 주고 있다. 본 장에서는 시각·청각·지체장애 학생들의 특성과 보편적 설계 기반의 e-러닝 전략과의 관련성을 중점적으로 논하고 설계 전략 구현의 구체적인 예를 함께 제시하였다.

6장에서는 '보편적 설계 원리 적용에 대한 논의'라는 제목으로 기존의 선행연구들에서 제시하고 있는 학습 이론 및 보편적 설계 원리들과 비교하여 논의하였으며, 장애학생 및 비장애학생의 전반적인 사용성 향상을 위해 고려해야 할 요소들과 e-러닝에서 보편적 설계 적용의 의의에 대해 제시하고 있다.

앞으로 장애학생들은 e-러닝 환경에 더욱 노출될 것이며, 장애를 보완하고 효과적, 효율적으로 학습하기 위해 e-러닝을 적극적으로 활용할 필요성이 높아지게 될 것이다. 이와 같은 추세에 본 저서가 e-러닝 연구자 및 설계자에게 장애학생을 위한 구체적인 설계 전략을 제공해 주는 데 기여할 수 있기를 바란다.

보편적 설계는 더 보편적이고 사용성이 높도록 상황에 맞추어 변화되어야 하는 원리이다. 보편적 설계 원리가 교육의 한 패러다임으로서 가치와 이념의 수준에만 머물지 않기 위해서는 앞으로 장애학생 교육에 어떻게 적용 가능한지를 여러 교육 상황에서 꾸준히 검증해 보는 것이 필요하다. 따라서 본 저서의 후속 작업으로 교육 환경의 범위를 확장하고 다양한 대상자로 범위를 확장하여 보편적 설계 원리의 적용성을 꾸준히 탐색해야 할 것이다.

마지막으로 지난 시간 동안 연구자로서 더욱 성장하게 만들어 주시고 숨은 능력을 발견하게 해 주신 서울대학교 김동일 교수님과 김계현, 임철일, 나일주, 박성익교수님, 그리고 단국대학교 한경근 교수님과 성신여자대학교 노석준 교수님께 깊은 감사의 말씀을 전한다. 또한 이 자리에 설 수 있는 초석을 만들어 주신 이화여자대학교 박은혜, 이소현 교수님께도 감사를 드린다. 이 책의 출간을 위해 애쓴 한국학술정보 출판사 여러분께도 감사의 말을 전한다.

2009년 3월
손지영

차례

제1장

장애학생 고등교육과 e - 러닝

1. 장애대학생의 교수 · 학습적 요구

장애대학생의 요구는 일반적인 초 · 중등교육의 통합교육 현장에서 필요로 하는 요구들과 다소 차이가 있다. 장애대학생의 교육에서 무엇보다 큰 차이점은 개별화된 교육 계획안(Individual Education Plan: IEP)에 의해 교육이 이루어지는 것이 아니라는 것이다. 그 대신에 대학은 장애대학생에게 개별적으로 필요한 합리적인 조정(accommodation)과 보조를 제공해야 한다(Scott, McGuire & Shaw, 2003). 그리고 초 · 중등교육과 달리 대학교육에서는 교육과정이 전공 영역에 따라 다르기 때문에 교육과정의 정형화된 기준이 없으며, 전공 분야나 수업의 담당 교수 재량에 따라 다양하게 교육과정이 사용되고 있다. 따라서 이러한 정형화되지 않은 대학의 교육과정이 장애대학생들에게 적절한 고등교육을 제공하는 것에 장점으로 작용할 수 있을 것이다. 그러므로 일반적인 초 · 중등 통합교육 현장과는 다른 특성을 가진 대학교육 현장에서 장애대학생의 실제적인 학습 요구가 무엇인지를 정확히 파악하는 것은 효과적인 지원 제공을 위해 필요하다.

미국의 경우에는 1990년대 중·후반에 학습장애 및 건강장애 학생의 입학이 늘어났으며, 시각·청각·지체장애 학생 외에 학습장애 학생이 장애대학생의 주요 장애 영역으로 자리매김하게 되었다(Roh, 2004; Scott, McGuire & Shaw, 2003). 우리나라의 경우는 현재 시각·청각·지체장애를 가진 대학생이 대부분인 상황이다(김성애·박찬웅·이해균, 2003; 한국통합교육학회, 2006).

이러한 장애대학생의 교수·학습 요구에 대해서 각 장애 영역별 특성에 따라 살펴보면 다음과 같다.

1) 시각장애 학생

시각장애는 맹(盲, blindness)과 저시력(low vision)으로 나누어 구분된다. 맹은 의학적으로 광각(光覺)이 없는 것을 말하며, 시각의 기능이 전혀 없기 때문에 일반적으로 전맹(全盲)으로 불린다. 저시력은 과거에는 약시(partial sightedness)라고 불리던 용어이다. Hallahan과 Kauffman(2003)은 시각장애를 교육적 요구에 따라 구분하여 설명하였는데, 전맹 학생은 교육을 목적으로 점자 혹은 청각적 방법을 사용해야 하는 학생이고, 저시력 학생은 교정렌즈, 확대경 등을 사용하여 인쇄물을 읽을 수 있는 경우이다.

시각장애 학생들은 시력 손상으로 인하여 운동기능 발달, 시각적인 개념 발달, 사회성 발달 등에 어려움을 보이는 경우가 많다. 따라서 이들의 교육을 위해서는 시각장애의 특성을 고려하여 학습 환경과 교수 방법을 적절하게 수정해 주고 시력의 손상을 보완할 수 있도록 점자교육, 일반 문자 교육, 이동 훈련, 사회성 개발 등을 병행해야 한다(이소현·박은혜, 2006).

전맹 시각장애 학생의 주요 정보 접근 수단 중 하나인 점자 활용은 일반 문자의 점자 번역 과정에 많은 인력과 시간이 필요하고, 점역 프로그램을 활용할 수 있는 인력과 기본적인 점역 기기(예: 점자 프린터 등)의 설비를 갖추어야 한다(한국통합교육학회, 2005). 그러나 현실적으로 점역을 하기 위한 자료의 제공이 사전에 이루어지지 못하기 때문에, 시각장애 학생이 원하는 시기에 점역 자료를 제공받아 학습을 하기 어려운 상황이다.

전맹 시각장애 학생은 점자를 사용하는 것 외에 문자정보를 음성으로 전환하는 방법으로 학습을 하기도 한다. 문자정보를 음성으로 전환하는 방법은 내용을 음성으로 읽어 주는 전자도서(voice book)를 사용하거나 스크린 리더(Screen Reader)와 같은 음성지원 소프트웨어를 사용하는 방법이 있다. 그러나 현실적으로 강의 내용이나 강의 자료를 전자도서 형태로 개발하는 것에 한계가 있으며, 음성지원 소프트웨어를 사용하기 위한 교재의 원본 텍스트(text) 파일 제공은 교재에 대한 저작권 문제가 뒤따른다.

저시력 시각장애 학생들을 위한 교수·학습 지원에는 일반 글자를 확대하는 독서확대기를 사용하거나 컴퓨터 스크린을 확대하는 소프트웨어를 사용하는 방법이 있다. 또한 글자의 기본 크기보다 더 크게 확대하여 인쇄하는 방법도 있다. 그러나 이러한 학습 방법들은 시각적으로 제시되는 학습 정보를 동시적 처리가 아닌 순차적 방식으로 처리하는 점에서 정보처리의 속도와 효율성이 상당히 뒤처지는 단점이 있다(한국통합교육학회, 2005). 즉 글자를 확대함으로써 한 번에 시각적으로 입력되는 정보의 양이 극히 제한되므로 학습 내용 전체를 모두 처리하기에 많은 시간이 소요된다. 또한 학습 내용을 부분적으로 처리하면서 받아들인 정보를 이후에 한꺼번에 통합해야 하므로 전체 개요와 순서를 총체적으로 이해하기가 어렵다.

2) 청각장애 학생

청각장애는 난청(hard of hearing)부터 농(deaf)까지를 포함해서 매우 다양한 정도를 나타낸다. 청력 손실이 청각장애인의 기능과 특성에 미치는 영향도 여러 가지 요인에 의해서 달라질 수 있는데, 청력 손실이 발생했을 때의 연령, 아동의 지능, 가정과 지역사회의 태도 및 지원, 언어 및 교육 경험 등이 청각장애인의 기능에 영향을 미치게 된다(이소현·박은혜, 2006). 따라서 의학적으로 청력 손실 정도가 비슷한 학생들도 이들이 어떠한 언어 환경에서 교육을 받아왔는지 또는 사회의 지원은 어떠했는지에 따라 청각장애 학생의 기능이 달라질 수 있다.

난청 학생들은 청각을 통해 어느 정도 말을 들을 수 있는 경우가 많아서 이들의 특수한 요구들이 간과되기가 쉽다. 난청 청각장애 학생들은 일상적인 언어적 상호 작용에서 무리가 없어도 어휘력의 부족이나 문법상의 오류들을 보일 수 있다(Hallahan & Kauffman, 2003). 그리고 농인 경우에는 청각적 방법보다는 시각적 방법으로 언어를 이해해야 하며, 구어 사용 능력에 심각한 제한을 가지고 있다.

교육 환경에서 청각장애 학생이 가지는 가장 큰 문제점은 수업 내용을 들을 수 없다는 것이다. 수업을 청취할 수 없을 때에 수화통역이나 전문 속기 서비스가 제공되어야 하지만, 일반적인 교육 환경에서는 이러한 지원이 적절히 이루어지고 있지 않다.

음성 정보가 상당량을 차지하는 일상의 대학 강의실에서 청각장애 학생들은 소외되는 모습을 보이고 있다. 이러한 문제는 청각장애 학생이 전공을 선택하는 것에서 제한을 가져다주고, 교육과정 이수 자체를 곤란하게 만들기도 한다. 장애학생을 위한 대학의 학업 지원 실태를 조사한 선행연구들에서는 청각장애 학생들을 대상으로 수화통역 서비스 및 대필도우미 제공의 미비(김성애·박찬웅·이해균, 2003; 김헬레나, 2000), 장애를 고려하지 않은 과제나 조별 모임(윤점룡·김주영, 2002) 등을 청각장애 학생 교육의 주된 문제점으로 지적하였다. 그리고 비단 강의 내용의 전달이나 과제 수행에만 어려움이 있는 것이 아니라, 적극적인 수업 참여 측면에서도 청각장애 학생들은 어려움을 경험한다(한국통합교육학회, 2005). 수업이 발표 및 토론 위주로 진행될 경우 청각장애 학생들은 의사소통의 문제로 수업 참여 자체가 제한되기 쉽기 때문에, 이러한 강좌를 수강하지 못하거나 중도에 포기하는 경우가 많은 현실이다.

3) 지체장애 학생

지체장애에는 신체에 이상이 있다는 공통점으로 다양한 특성의 장애가 포함되어 있다. 지체장애는 크게 신경계의 이상, 근골격계의 이상, 선천성 기형으로 분류된다(Beset, Heller & Bigge, 2005). 그리고 미국의 장애인교육법(Individuals with Disabilities Education Act: IDEA)에서는 정형외과적 손상과 외상성 뇌손상, 중복장애도 지체장애에 포함시킨다. 우리나라의 「장애인복지법」에서는 지체장애와 뇌병변장애로 용어를 분류해서 사용하고 「장애인 등에 대한 특수교육법」에서는 지체장애라는 용어를 사용하고 있다. 뇌병변장애는 뇌의 기질적 병변에 기인하여 동작에 제한을 받는 장애를 말하며(장애인복지법 제2조 1항), 앞서 제시한 Beset, Heller와 Bigge(2005)의 지체장애 분류에서 신경계 이상으로 인한 지체장애의 경우에 해당된다고 할 수 있다.

지체장애 학생이 교수·학습 활동에서 직면하게 되는 주된 어려움은 강의의 접근권 문제이다. 강의 접근권은 수업에 참가하기 위하여 보장되어야 할 가장 기본적인 사항임에도 불구하고, 대부분 대학의 건물이 지어진 지 오래되어 경사로, 승강기, 장애인용 화장실 등이 마련되어 있지 않다. 윤점룡과 김주영(2002)은 장애대학생 이동 및 편의시설 실태를 조사한 결과, 우리나라 대학들의 캠퍼스 내 이동과 강의실, 도서관, 식당 등의 접근성의 실태가 매우 열악하다고 지적하였다.

그리고 다양한 신체활동이 필요한 수업(예: 실기, 실험 등)에 있어서 지체장애 학생들은 운동능력의 부족으로 적극적인 참여에 제한을 경험하고 있다. 또한 언어기관의 조절 능력 부족으로 발음이 부정확한 학생들은 수업에서 발표 및 토론, 의사소통하는 것에서 어려움을 경험한다. 팔이나 손의 움직임에 제한이 있는 장애학생의 경우에는 강의 내용 필기, 보고서 작성, 시험 답안지 작성 등의 활동에서 많은 어려움을 보인다. 윤점룡과 김주영(2002)의 연구에서는 장애대학생을 대상으로 대학학습의 어려움을 조사한 결과, 평가 시 답안지 작성의 어려움과 시간의 부족이 대학학습 과정에서 주된 어려움으로 제시되었다. 김성애·박찬웅·이해균(2003)의 연구에서도 장애대학생들은 강의수강과 시험에서 가장 많은 어려움을 겪고 있으며, 특히 지체장애 학생들은 노트 필기와 실험 실습 등에서 어려움을 겪는 것으로 보고되었다.

이와 같이 지체장애 학생들은 운동 및 조절 능력의 제한으로 대학 강의실의 접근, 다양한 교육과정의 참여, 공평한 평가 실시 등에서 어려움을 경험하고 있다. 따라서 현재 대학에서 어려움을 경험하고 있는 다양한 장애학생을 위한 시설의 보완 및 대안적인 교육과정, 교수·학습적 지원이 절실한 상황이다.

2. 장애학생을 위한 고등교육 지원의 문제점

1995년부터 특수교육대상자 대학입학 특별전형제도가 실시되고 있으며, 이로 인하여 점점 더 많은 장애학생들이 대학에 진학하고 있는 추세이다. 1995학년도에 113명으로 시작하여 현재까지 장애

대학생 수는 꾸준히 증가하였고, 2008년도에 특수교육대상자 특별 전형을 실시한 대학은 전문대학 8개 교와 대학교 74개 교로서 이를 통해 입학한 학생은 총 560명에 달했다(교육과학기술부, 2008). 교육과학기술부(2008)의 보고에 따르면, 2005년부터 2008학년도까지 대학입학생 수만 고려하더라고 현재 전국적으로 1,800여 명의 장애학생들이 대학교육을 받고 있는 상황이다.

그러나 상당수의 장애대학생들은 교육적, 행정적, 물리적 환경 미비로 인해 대학 수업과 생활에서 어려움을 겪고 있다. 구체적으로, 장애인에 대한 지원 방법의 이해 부족, 물리적·재정적 여건의 한계, 대학 구성원의 인식 부족 등의 원인으로 장애대학생 지원이

〈표 1〉 연도별 특수교육대상자 특별전형 대학 입학생 수
(교육과학기술부, 2008)

(단위 : 교, 명)

학년도	전문대학		대학교		합 계	
	실시대학	학 생	실시대학	학 생	실시대학	학 생
1995	2	6	6	107	8	113
1996	2	16	16	201	18	217
1997	6	42	30	234	36	276
1998	6	57	39	298	45	355
1999	6	47	40	349	46	396
2000	9	55	48	313	57	368
2001	11	61	43	360	54	421
2002	15	194	46	420	61	614
2003	14	117	47	310	61	427
2004	24	115	49	309	73	424
2005	11	45	53	344	64	389
2006	10	31	63	388	73	419
2007	9	79	71	439	80	518
2008	8	100	74	460	82	560

제대로 이루어지지 못하고 있는 현실이다(김용욱, 2000; 한국통합
교육학회, 2005).

　김동연(2000)은 장애대학생의 공통적인 요구를 다음 <표 2>와
같이 시설 및 설비, 교수·학습, 행정 등으로 구분하여 구체적으로
제시하였다. 김동연은 이러한 요구들에 대해 대학의 지원 현황을
조사한 결과, 요구 항목 모두를 지원하고 있는 대학은 극소수이며
대학마다 지원이 부분적으로 이루어지고 있는 실정이라고 언급했
다. 또한 대학들이 편의시설 설치나 교육부의 지원 및 재정 확보
에는 관심이 있으나, 장애대학생을 위한 '교수·학습 서비스' 측면
에는 인식도가 낮은 경향이라고 지적했다.

〈표 2〉 장애대학생의 공통적인 지원 요구(김동연, **2000**)

시설·설비 측면에서 지원 요구	시각	청각	지체
화장실 시설 개선: 좌변기, 장애인용 화장실 설치			◎
휠체어용 경사로 또는 엘리베이터 설치			◎
경사로 설치, 경사각도 줄이기 및 난간 설치			◎
휠체어용 책상 구비			◎
장애인용 전화박스: 턱 낮추기			
교내 시설의 보도 턱 낮추기			○
이동식 발판 설치	○		○
장애인 전용 주차 공간 마련	○		◎
교실, 식당, 도서관 등 각종 시설의 복도와 출입문 확장	○		○
강의실 점자 번호판 부착 및 확대, 입체화	◎		
점자보도블록 설치: 교내 각 건물, 출입구 등	◎		
조명시설: 야간 보행	○		
방화등 설치		○	
교내 셔틀버스 운행: 이동편의 제공	◎		◎
메모지 비치: 행정실		◎	
생활용품점 설치	○	○	○
전자제품 수리 지원	○	○	○

○ 중요, ◎ 매우 중요

교수·학습 측면에서 지원 요구	시각	청각	지체
점자 교재 - 점자 프린트기	○		
문자 확대 교재	○		
확대 독서기(CCTV)	○		
컴퓨터용 음성카드 부착	○		
시험지 및 답안지의 점자화	○		
열람실 내 지정석 설치 및 점자번호판 부착	○		
강의 내용 대필: 보조요원		○	
강의 노트 및 강의 계획서 우선 제공		○	
별도 장학금 지급	○	○	○
시험시간 대필	○	○	◎
수화 통역 서비스		○	
학사관리(시험, 수강신청, 서류발급) 개선	○	○	○
강의실 변경 지양(止揚)	○	○	○
시험시간 연장	○	○	○
OHP, 매직보드 설치	○	○	
행 정	시각	청각	지체
장애학생 전담 부서 설치	○	○	○
보조요원 제도의 도입과 개선	○	○	○
전담 상담실 설치	○	○	○
장학금 제도의 도입과 개선	○	○	○
기 타	시각	청각	지체
장애학생에 대한 이해 개선, 의사소통 및 인간관계 개선	○	○	○
교수와 직원들의 장애학생에 대한 배려	○	○	○
심리적 갈등 해소 및 적응 개선	○	○	○
기숙사 생활의 적응	○	○	○
장애인 이해 프로그램 실시	○	○	○

○ 중요, ◎ 매우 중요

　　대학의 장애학생 지원에 대한 학생들의 만족도를 살펴보면 다음과 같다. 우선, West et al.(1993)은 40명의 장애대학생을 대상으로 대학의 접근성, 서비스, 평가 조정 등에 대한 만족도를 조사하였다. 조사 결과, 대학의 서비스에 대해서는 전반적으로 만족하였지만, 교수, 직원, 학생들의 이해, 수업 보조 및 조정, 건물의 접근성 등에서 낮은 만족도를 나타내었다. 김성애, 박찬웅, 이해균(2003)의 연구에서는 72명의 장애대학생을 대상으로 설문조사 및 면담을 실시하였다. 그 결과, 장애대학생이 일반 대학생에 비해 낮은 성취도를 나타내었으며, 교수·학습 부분의 지원에 만족도가 낮은 것을 알 수 있었다. 이러한 결과를 볼 때, 현재 대학에서는 장애대학생의 요구에 따른 적절한 교수와 관련 서비스가 제대로 이루어지지 못하고 있음을 알 수 있다.

장애대학생에 대한 교수·학습의 지원 부족은 대학에서 수학의 어려움으로 이어지게 된다. 김남순(2001)의 연구에 따르면, 일반적인 대학생들에 비해 장애학생들의 학사경고, 휴학 및 자퇴의 비율이 높았으며, 이러한 현상은 장애대학생의 대학 적응을 위한 교수·학습 지원이 제대로 제공되지 않는 현실과 연결 지어 볼 수 있다. 김성애, 박찬웅, 이해균(2003)의 연구에서도 장애대학생들의 학사경고 횟수가 매년 점차 증가하고 있는 추세임을 지적하였으며, 이를 통해 장애대학생의 학습 지원 대책의 마련이 시급하다고 주장하였다.

결론적으로, 현재 장애대학생을 위한 편의시설 및 설비의 확충만큼 교수·학습을 도울 수 있는 지속적인 지원 서비스가 필요하다. 학업성취 측면에서 장애학생들의 부족한 부분을 보완하고 학생의 학습 요구에 적합한 지원을 제공해 주는 서비스 체계가 시급히 마련되어야 할 것이다.

3. 장애대학생을 위한 e - 러닝 활용

1) e - 러닝의 필요성

e - 러닝(e - Learning)이란, 인터넷 자원과 테크놀로지를 활용하여 개방성, 융통성, 분산성을 가진 학습 환경을 제공하는 것이며, 누구나 원하는 시간에 원하는 장소에서 학습자 중심의 양방향 학습을 가능하게 하는 것이다(강명희 · 이미화 · 송상호, 2004). e - 러닝은 다양한 유형과 범위의 학습 활동 및 자원을 전달할 수 있으며(Rosenberg, 2001), 학생의 학습 속도에 맞는 교육과 다양한 학생의 교육 요구에 적합한 교육과정을 운영할 수 있다. 즉 e - 러닝은 인터넷의 디지털 매체를 기반으로 학습자 중심의 융통성 있는 학습 환경을 제공해 줄 수 있다.

e - 러닝을 대학교육에 도입할 경우, 저렴한 비용으로 더 높은 학습결과를 성취할 수 있는 비용효과성을 거둘 수 있다(임병노, 김희배, 박인우, 임정훈, 2005). 또한 e - 러닝을 통해 더 많은 대학생들이 풍부하고 다양한 학습 기회를 가질 수 있으며, 교수 중심의 정형화된 교육에서 벗어나 학습자 중심의 자기주도적 학습을 할 수 있게 해 준다(김동일 · 이혜정 · 손지영, 2005). 따라서 이러한 e - 러닝은 장애대학생들에게 고등교육을 더욱 효과적으로 제공할 수 있는 잠재력을 가진다.

장애대학생들에게 e - 러닝을 활용하는 것의 긍정적 효과에 대해 살펴보면 다음과 같다. 우선, e - 러닝은 장애대학생이 통합적이고 공평한 교육 환경에 접근할 수 있도록 해 준다(Bowe, 2000). e－러닝은 교육 장소에 물리적으로 접근이 어려운 장애학생들에게 공평한 교육 기회를 제공하며, 인쇄물이 아닌 전자 텍스트를 사용함으로써 시각, 언어, 지체장애 학생들도 공통의 환경에서 쉽게 학습할 수 있게 한다. 다음으로, e－러닝은 장애학생들도 실험·실습과 같은 특정한 학습 경험을 가상으로 할 수 있도록 해 주며, 장애로 인해 시각 또는 청각적 정보의 습득이나 특정 개념의 이해가 어려운 경우에 보조공학이나 인터넷 도구를 사용하여 쉽게 정보를 습득하고 이해할 수 있도록 해 준다(Seale, 2006).

이러한 선행연구들을 근거로 하여, 장애대학생들에게 e－러닝을 활용해야 하는 필요성에 대해서 제시하면 다음과 같다. 첫째, e－러닝은 장애학생이 수업에서 부족한 부분을 반복 학습하도록 해 주고 학습자 중심의 자기조절 학습을 가능하게 할 수 있다(강명희·이미화·송상호, 2004). 일정한 장소에서 정해진 수업 시간 동안 수업을 따라가야 하는 것에 제한과 어려움을 보이는 장애학생들에게 e－러닝의 유연성과 편이성은 기존 학습 방식을 보완할 수 있도록 해 줄 것이다. 둘째, e－러닝은 선수학습 능력이 부족하거나 특정 경험이 어려운 장애학생들에게 보충학습이나 가상의 학습 경험을 제공해 줄 수 있다(Seale, 2006). 일부의 장애대학생들은 특수학교나 특수학급의 교육과정으로 교육을 받아 특정 학업 영역에서 학습 경험이 다르거나 장애로 인해 전혀 경험을 못 할 수 있다(한국통합교육학회, 2005). 이러한 경우 e－러닝이 다양한 유형과 범위의 학습 활동을 전달함으로써 부족한 선수학습 능력을 보충하고 여러 경험을 간접적으로 할 수 있게 하여 대학 수업을 효과적으로 받을 수 있게 해 줄 것이다. 셋째, 시각·청각·지체장애 학생들은 e-러닝을 통해 학습의 어려움을 보완하고 대안적 방법으로 대학 수업을 제공받을 수 있다(Seale, 2006). 토론, 발표, 노트필기, 시험 및 과제 제출 방식에서 제한을 받는 장애학생들이 e-러닝을 통해 온라인 상호작용이나 수업, 디지털 자료 제출로 대체하면서 더 효과적, 효율적 방법으로 수업에 참여하고 적극적으로 학습에 임할 수 있게 할 것이다.

이와 같이, e-러닝은 장애를 가진 대학생들에게 신체적 노력을 최소화하면서 효과적으로 학습할 수 있게 해 주는 융통성 있는 교수·학습 환경을 제공하며, 다양한 장애학생들에게 맞추어 교육과정 및 방법을 수정하는 것이 강의실 수업보다 훨씬 용이하다. 또한 e-러닝은 시각·청각·지체장애 대학생들의 다양한 요구에 맞추어 융통성 있는 교육과정을 효과적으로 제공할 것이며, 장애학생을 포함하여 모든 학생들에게 학습 기회를 동등하게 제공해 주어 장애학생의 교육적 통합에 기여할 것이다.

2) e-러닝 활용을 위한 보조공학

장애대학생이 e-러닝을 활용하기 위해서는 컴퓨터 및 인터넷에 접근할 수 있는 것이 전제되어야 한다. 무엇보다 대학에서 강좌를 수강하고 자료를 검색하며 과제를 작성해야 하는 상황에서 가장 필요한 것은 컴퓨터 환경의 접근이다. 장애대학생이 접근할 수 있는 컴퓨터 환경은 컴퓨터를 기능적으로 사용하고 다룰 수 있도록 적절한 하드웨어와 소프트웨어를 포함한 지원이 제공되어야 한다. 즉 장애학생은 자신이 가진 시각·청각·지체장애 유형에 따라 음성 변환 소프트웨어, 점자 변환 장치, 화면 확대 소프트웨어, 자막 수신기, 대체 마우스 등 다양한 보조공학(assistive technology)을 활용해야 한다.

미국의 장애인교육법(Individuals with Disabilities Education Act: IDEA)에 의하면, 보조공학은 '장애인의 기능적 능력 증대, 유지, 향상에 사용되는 물품, 장치, 시스템'이라고 정의하고 있다. 이러한 보조공학은 교육, 일상생활, 직업생활, 지역사회생활, 여가생활 등의 전반에 걸쳐 사용될 수 있으며(육주혜·전경일, 2004), 매우 광범위한 영역에서 물리적, 장치적인 도구뿐 아니라 그것의 활용 및 서비스까지 보조공학에 포함된다.

이러한 보조공학은 장애인이 컴퓨터나 인터넷을 활용하기 위한 대안적 방법을 제공해 줌으로써, 장애로 인해 겪는 어려움을 줄이거나 없애 준다(Lewis, 1998). 예를 들어, 지체장애인이 컴퓨터 키보드로 반응을 입력할 때, 키보드 보조 장치는 운동능력의 부족으로 인해 다른 자판을 누르는 오류를 줄여 줄 수 있다. 또한 음성 인식장치(speech input and recognition)는 구어를 통해 컴퓨터에 정보를 입력할 수 있도록 해서, 손가락 사용에 어려움이 있는 지체장애인과 시각장애인이 편리하게 컴퓨터를 사용할 수 있게 해 준다.

장애인에 대한 보조공학 지원 현황에 대해 살펴보면, 미국은 보조공학에 대한 법적 보장을 통해 장애인을 위한 정보통신기술과 서비스를 개발하는 데 막대한 투자를 하고 있다. 이에 매년 장애인을 위한 보조공학개발이 급격하게 성장하고 있다(김용욱, 2000). 그러나 우리나라는 선진국에 비해서 아직까지 장애인을 위한 보조공학 개발과 보급이 열악한 편이다. 장애학생이 학교에 진학할 경우 국가에서 필요한 보조공학 기기를 무상으로 지급하거나 대여해 주는 것이 법적으로 의무화된 미국과 달리, 우리나라에서는 대부분 장애학생들이 고가의 제품들을 자비로 구입해야 하는 실정이다. 또한 국내의 보조공학 활용과 관련된 연구들도 일부 복지재단이나 연구기관을 중심으로 이루어지고 있는 현실이다(강혜경·박은혜, 2002). 따라서 앞으로는 더 많은 장애학생들이 보조공학을 손쉽게 활용할 수 있도록 하는 국가의 제도적 지원과 관심이 필요하다.

컴퓨터 사용과 관련된 보조공학 활용의 연구는 국내의 경우 90년대 이후부터 컴퓨터 접근성 및 학습 보조 장치들을 중심으로 이루어졌다(육주혜, 2003; 이근민·김인서, 2004; 조광순, 1996; 한성희; 2002). 이 중 육주혜(2003)는 장애학생이 컴퓨터를 사용하기 위한 보조공학의 종류를 입력과 출력 보조도구로 나누어서 각각의 사용 목적과 기능을 구체적으로 제시하였다. 입력 보조도구는 일반적인 키보드와 마우스를 사용할 수 없는 장애인을 위한 도구로서, 변형 키보드, 키보드 추가 부품, 스위치, 음성인식, 인쇄물 인식, 전자식 누름 장치, 타자 보조도구, 터치스크린, 조이스틱, 트랙볼, 팔과 손목 지지대 등이 있다. 출력 보조도구는 컴퓨터에서 제공하는 정보를 인식하기 어려운 장애인을 위한 도구로서, 음성출력, 확대인쇄, 점역·역점역 출력, 점자 디스플레이, 음성합성, 스크린 리더, 스크린 확대 프로그램 등이 있다. 한성희(2002)는 장애인이 컴퓨터를 사용하는 데 방해가 되는 문제점이 무엇이며 이것을 제거하기 위한 보조공학의 방안이 무엇인지를 면담을 통해 살펴보았다. 연구 결과, 시각장애인은 시각 중심 출력 방식을 다른 감각양식으로 출력해 주는 변환 장치, 디스플레이 입력 장치를 대체하는 방법 등이 제안되었고, 청각장애인은 청각 정보를 시각 또는 촉각 형태로 변환하는 것이 제안되었다.

김용욱(2000)은 장애대학생의 학습 지원을 위한 보조공학 활용 현황을 조사했다. 47명의 장애대학생을 대상으로 조사한 결과, 대부분의 장애학생들이 컴퓨터를 통한 정보 습득을 원하지만 지금의 컴퓨터 환경이 장애학생들에게 크게 도움이 되지 못한다고 보고하였다. 또한 김용욱의 연구에서는 다수의 장애학생들이 보조공학을 사용하지 않는 것으로 나타났다. 그 이유는 하드웨어 및 소프트웨어에 대한 정보가 학생들에게 제대로 알려져 있지 않거나, 정보를 알고 있지만 별 도움이 되지 못한다고 인식하고 있었으며 또는 고가이기 때문에 사용하지 못하는 것으로 나타났다. 이러한 연구결과를 볼 때, 국내 장애대학생의 컴퓨터 사용을 위한 보조공학 활용은 활성화되어 있지 않으며, 이러한 요인은 정보의 부족, 유용성의 부족, 보급의 부족 등임을 알 수 있다.

이와 같이 국내의 몇몇 선행연구들에서는 컴퓨터 사용과 관련된 보조공학 장치의 유형과 활용 방안, 현황 등에 대해 제시해 주고 있다. 이러한 선행연구들을 살펴보면, 장애학생의 보조공학 활용을 위한 제도적 지원과 다양한 영역의 관련 연구들이 더욱 활성화되어야 할 필요가 있음을 알 수 있다. 결론적으로, 장애학생들이 컴퓨터 및 인터넷에 접근하여 e-러닝을 효과적으로 활용하도록 하기 위해서는 질 높은 보조공학 제공이 병행되어야 하며, 이를 위해 최신의 보조공학 개발 연구, 보급 및 활용을 위한 제도적 지원이 뒤따라야 할 것이다.

e－러닝에서 웹 접근성과 보편적 설계

1. e－러닝에서 웹 접근성의 중요성

1) 웹 접근성의 개념

장애학생이 e－러닝을 통해 학습하고자 할 때 일차적으로 보조공학을 활용하지만, 웹(Web)을 통해 제공하는 콘텐츠 자체에 보조공학을 사용하고도 접근할 수 없는 경우가 있다. 웹에 제시된 시각적 정보가 시각장애 학생이 사용하는 음성 출력 소프트웨어와 호환이 되지 않도록 설계되었을 경우, 영상 자료에 자막이 제공되지 않는 경우, 웹에 제시된 평가가 모두 마우스를 사용해서 선택해야 하는 경우가 이러한 상황이다. 이러한 e－러닝 환경에서는 시각·청각·지체장애 학생들은 완벽하게 학습을 할 수 없으며, 장애학생들은 또다시 학습의 제한을 경험하게 된다.

웹 접근성(Web accessibility)은 웹 콘텐츠에 접근하는 모든 사람들이 어떤 컴퓨터나 운영 체제, 또는 어떠한 환경에 처해 있는지에 구애받지 않고 접근할 수 있는 것을 의미한다(한국정보통신기술협회, 2004). Henry(2002)는 웹 접근성을 주로 장애인의 접근에 초점을 두어, 사용자의 요구와 선호에 따라 정보를 얻고 상호작용할 수 있도록 웹 페이지를 설계하는 것이라고 설명하였다. 그리고 Roh(2004)는 웹 접근성을 장애 유무나 보조공학의 사용 여부에 상관없이 광범위한 사용자의 요구를 충족시킬 수 있도록 설계가 이루어졌는지를 나타내는 지표로 정의하였다. 이를 통해 볼 때, 웹 접근성의 확보는 웹을 사용하는 사람의 신체적 능력, 지적 상태, 보조공학 사용 여부, 환경에 상관없이 자신에게 필요한 정보를 얻고 상호 작용할 수 있도록 웹을 구성하는 것이다. 이것은 웹 사용자를 기존 범위보다 더 확장하여 모든 사용자들에게 가능한 한 접근의 제한을 두지 않는 것이다.

2) 웹 접근성 지침의 유형

웹 접근성 준수를 위하여 세계의 몇몇 국가들과 국제 표준화 기구에서 구체적인 지침의 개발을 위해 노력하고 있다. 주요 국가로서, 미국은 웹 인터페이스(interface)에 대한 접근성 제고를 위해 다양한 법안 및 제도들을 마련해 왔다. 1998년에 개정된 미국 재활법(The Rehabilitation Act) 508조에서는 장애인들이 전자 및 정보기술에 일반인과 동등하게 접근할 수 있도록 보장해야 한다고 명시하고 있다. 이 법안의 준수를 위해 제정된 기술 표준 '웹 기반 인트라넷과 인터넷 정보 및 응용 프로그램(Web - based intranet and internet information and applications, §1194. 22)'에서는 웹 인터페이스의 접근성 제고를 위해 다음 <표 3>과 같은 15개 지침을 제정, 공포하여 미국의 모든 연방 정부 홈페이지가 이를 준수하도록 하고 있다(http://www.section508.gov/index.cfm).

<표 3> 미국 재활법 508조 '웹 인터페이스 접근성 제고를 위한 지침'

(a) 텍스트가 아닌 모든 요소에 동등한 텍스트 요소가 반드시 제공되어야 한다('alt', 'longdesc' 사용 또는 요소 내용 안에 표시하는 형태).

(b) 멀티미디어 제시에는 동등한 대안적 설명이 동시에 제시되어야 한다.

(c) 색상을 이용한 모든 정보는. 색상 없이도 정보가 전달될 수 있도록 설계해야 한다. 예를 들어 문맥이나 마크업(markup)을 통해 표시되어야 한다.

(d) 문서는 연결된 스타일 시트(style sheet) 없이도 읽혀야 한다.

(e) 서버 측의 이미지맵의 각 활성화된 부분마다 별도의 텍스트 링크가 제공되어야 한다.

(f) 이미지맵의 각 부분을 기하학적 모양으로 정할 수 없는 경우가 아니면. 서버 측의 이미지맵 대신 클라이언트 측 이미지맵이 제공되어야 한다.

(g) 데이터 테이블의 행과 열의 헤더는 반드시 지정되어야 한다.

(h) 행과 열의 헤더가 2개 이상의 논리적 수준을 갖는 데이터 테이블에서는 데이터 셀과 헤더 셀을 연결하기 위해 마크업을 사용해야 한다.

(i) 프레임은 프레임 확인과 내비게이션을 쉽게 하기 위하여 텍스트로 이름을 지정해야 한다.

(j) 웹 문서는 스크린이 2Hz 이상 55Hz 이하의 주파수로 깜빡이는 일이 없도록 설계해야 한다.

(k) 웹 사이트가 이 장의 조항들을 준수하기 위해 다른 방법이 없을 때에는. 정보와 기능을 동등하게 제공하는 텍스트로 이루어진 별도의 웹 문서를 함께 제공해야 한다. 텍스트만으로 이루어진 웹 문서의 내용은 원래 문서 내용이 업데이트될 때마다 함께 업데이트되어야 한다.

(l) 스크립트 언어를 사용하거나 인터페이스 요소를 사용할 때에는. 스크립트에 의해 제공되는 정보가 보조공학으로 읽힐 수 있도록 기능적 텍스트를 표시해야 한다.

(m) 내용 판독을 위해 애플릿(applet), 플러그인(plug - in). 기타 응용 프로그램을 클라이언트 시스템에 요구하는 경우. 해당 문서에는 § 1194.21의 (a)항부터 (l)항을 준수하는. 플러그인이나 애플릿을 제공하도록 링크시켜야 한다.

(n) 전자 양식을 작성하도록 하는 경우. 사용자가 전자 양식을 작성 및 제출하고 안내문 및 지시문을 이해하는 데 필요한 정보. 필드 요소. 기능 등에 접근하기 위해 보조공학을 사용할 수 있어야 한다.

(o) 반복되는 이동 링크를 건너뛸 수 있는 방법이 제공되어야 한다.

이러한 지침은 미국의 재활법 508조의 법적 강제력을 현실화하기 위하여 개정된 것으로, 이 지침에 의해 IBM, Microsoft 등 세계 각국의 기업들은 접근성 전담 부서를 신설하여 자사의 제품이 재활법 508조에 해당되는지를 점검하고, 제시된 기준에 맞추어 제품을 수정하였다(이성일, 2001). 이와 같이 재활법 508조는 국제적인 웹 관련 제품의 접근성 향상에 큰 영향을 발휘하고 있다.

영국, 호주, 뉴질랜드, 유럽연합 등의 주도적 참여로 결성된 국제 표준화 기구 W3C(World Wide Web Consortium)에서는 장애인에게 필요한 웹 접근성에 대한 인식을 확산시키기 위해 1997년에 W3C 내에 WAI(Web Accessibility Initiatives)를 출범시켰다. WAI는 웹의 보편적 접근성을 강조하여 물리적, 인지적 능력이 부족한 사람들의 인터넷 이용을 위해 노력하였으며, 이를 위한 구체적인 권장 지침으로 1999년에 웹 콘텐츠 접근성 지침 1.0(Web Contents Accessibility Guidelines 1.0: WCAG 1.0)을 발표했다. WCAG 1.0 지침은 크게 14개의 권장 지침(guideline)과 65개의 검토 항목(checklists)으로 구성되어 있다. 그리고 W3C에서는 보조공학 발전이 크게 진전됨에 따라 WCAG 1.0을 개정하기로 결정하고, 2007년 11월에 WCAG 2.0 초안을 발표하였다(http:// www.w3.org/TR/WCAG20/).

국내에서는 2001년 1월 '정보격차해소에 관한 법률'을 제정함으로써 정보격차해소 및 웹 접근성 실태조사의 근거를 마련하였다. 그리고 2004년 12월에는 국제 표준화 기구 W3C의 WCAG와 국내 실태조사를 토대로 하여 '한국형 웹 콘텐츠 접근성 지침 1.0'을 개발하였다(한국정보통신기술협회, 2004). 한국형 웹 콘텐츠 접근성 지침은 WCAG 1.0과 WCAG 2.0 초안을 참고하였으며, 부분적

〈표 4〉 한국형 웹 콘텐츠 접근성 지침 1.0

지 침	항목
1. 인식의 용이성: 웹 사이트에서 서비스하고 있는 모든 콘텐츠는 누구나 쉽게 인식할 수 있도록 설계되어야 한다.	1.1. 텍스트 아닌 콘텐츠 중에서 글로 표현될 수 있는 모든 콘텐츠는 해당 콘텐츠가 가지는 의미나 기능을 동일하게 갖추고 있는 텍스트로 표시되어야 한다. 1.2. 시간에 따라 변화하는 영상매체는 해당 콘텐츠와 동기되는 대체 매체를 제공해야 한다. 1.3. 콘텐츠가 제공하는 모든 정보는 색상을 배제하더라도 인지할 수 있도록 구성되어야 한다.
2. 운용의 용이성: 웹 콘텐츠에 포함된 모든 요소들의 기능은 누구나 쉽게 사용할 수 있어야 한다.	2.1. 이미지맵 기반이 필요할 경우에는 클라이언트 측 이미지맵을 사용하며 서버 측 이미지맵을 사용할 경우에는 동일한 기능을 하는 텍스트로 구성된 대체 텍스트를 제공해야 한다. 2.2. 콘텐츠를 구성하는 프레임의 수는 최소한으로 하며, 프레임을 사용할 경우에는 프레임별로 제목을 붙여야 한다. 2.3. 콘텐츠는 스크린의 깜빡거림을 피할 수 있도록 구성되어야 한다. 2.4. 키보드(또는 키보드 인터페이스)만으로도 웹 콘텐츠가 제공하는 모든 기능을 수행할 수 있어야 한다.
3. 이해의 용이성: 사용자들이 가능한 한 쉽게 이해할 수 있도록 콘텐츠나 제어 방식을 구성해야 한다.	3.1. 데이터 테이블은 테이블을 구성하는 데이터 셀의 내용에 대한 정보가 충분히 전달될 수 있어야 한다. 3.2. 콘텐츠의 모양이나 배치는 논리적으로 이해하기 쉽게 구성하여야 한다. 3.3. 온라인 서식을 포함하는 콘텐츠는 서식 작성에 필요한 정보, 서식 구성 요소, 필요한 기능, 작성 후 제출 과정 등 서식과 관련한 모든 정보를 제공해야 한다.
4. 기술적 진보성: 구성한 콘텐츠는 웹 브라우저의 종류, 버전 등에 관계없이 사용될 수 있어야 한다.	4.1. 스크립트, 애플릿 또는 플러그인 등과 같은 프로그래밍 요소들은 현재의 보조기술의 수준에서 이들 프로그래밍 요소들의 내용을 사용자에게 전달해 줄 수 있을 경우에만 사용하여야 한다. 4.2. 콘텐츠가 항목 1.1에서 4.1에 이르는 13개 검사 항목을 만족하도록 최대한 노력하였으나 해결되지 않는 부분이 남아 있다면 텍스트만의 콘텐츠를 제공하는 웹 페이지(또는 웹사이트)를 별도로 제공해야 한다.

으로 미국 재활법 508조를 참고하여 개발되었다. 본 지침은 인식의 용이성, 운용의 용이성, 이해의 용이성, 기술적 진보성의 네 가지 지침으로 분류되며, 각 지침들은 <표 4>와 같다.

이와 같이 국내외에서 장애인을 위한 웹 접근성 확보의 중요성을 강조하고 있는 추세에, 웹을 기반으로 하고 있는 e-러닝에서도 접근성이 중요한 요소로 떠오르게 되었다. 최근의 선행연구들

(김용욱, 2000; 윤광보·김용욱·권혁철, 2002; Roh, 2004)에서는 e
－러닝에서 웹 접근성이 중요시되어야 함을 제안하고 있다.

Roh(2004)는 WCAG를 근거로 미국 대학생들을 대상으로 사례조
사를 실시하여 '접근성 높은 웹 기반 코스 개발을 위한 설계 지침'
을 개발하였다. Roh의 설계 지침은 웹 기반 교육(Web－Based
Instruction: WBI) 설계 영역에 따라 다음의 <표 6>과 같이 다섯
범주로 나누어져 있으며, 이와 더불어 <표 5>와 같이 운동장애,
인지/신경학적 장애, 청각장애, 시각장애 영역으로 나누어 특별히
각 장애 영역별로 고려해야할 지침들을 제시하고 있다. 지침은 총
103개로 구성되어 있으며 각 지침들을 분류 범주에 따라 요약한
결과는 다음의 <표 5>, <표 6>과 같다.

〈표 5〉 장애 영역별 **WBI** 설계 지침(Roh, 2004)

분류	설 계 지 침
운동성 장애	·모든 메뉴에 키보드로 접근 가능하도록 하기 ·내비게이션 버튼이나 링크는 쉽게 선택할 수 있도록 크기를 충분히 크게 만들기
인지/신경 학적 장애	·합리적이고 성취 가능한 활동으로 나누기 ·체계적이고 일관적 방식으로 구성하기 ·정보에 대한 설명은 단순하고 쉽게 제공하기
청각장애	·화면을 똑바로 바라보지 않더라도 모든 시각적 단서들이 눈에 띄도록 구성하기 ·소리가 있으면 명확한 시각적 단서 제공하기
시각장애	·내용과 배경 간의 대조 강화하기 ·청각적으로 설명된 정보 제공하기 ·확대 인쇄된 자료를 옵션으로 제공하기

〈표 6〉 접근성 높은 WBI 개발을 위한 설계 지침(Roh, 2004)

분류	설계 지침
1) 내용 설계	· 비텍스트 개체는 같은 뜻의 동등한 텍스트 제공하기 · 같은 내용에 여러 가지 유형의 자료 제공하기 · 대안적 자료는 개체와 동시에 나타나도록 하기 · 텍스트만 있는 형태의 웹 페이지 제작하지 않기 · 색상의 사용 여부에 상관없이 정보 전달하기
	· 다양한 브라우저를 이용하여 콘텐츠 시험하기 · 보조공학과 호환이 가능하도록 개발하기 · 보조공학을 지원할 때 지침 제공하기
	· 제목, 표제는 간결하고 명확하게 제시하기 · 링크를 그룹으로 묶어 쉽게 이동하도록 하기 · 내용은 명확하고 간결한 방식으로 제시하기 · 한 페이지의 개체 수 최소로 하기 · 논리적으로 따라가기 쉬운 형태 구성하기 · 특징적 정보는 처음 부분에 두기 · 테이블을 레이아웃으로 사용하지 않기
	· 활동에 대한 간략하고 명확한 지침 제공하기 · 사이트의 전반적인 레이아웃에 대한 정보 제공하기 · 문서나 표의 개요에 대한 정보 제공하기
2) 내비게이션 설계	· 반복되는 내비게이션 링크는 건너뛰도록 하기 · 중요 링크, 폼 컨트롤에는 키보드 단축키 제공하기
	· 내비게이션 바는 눈에 띄도록 만들기 · 모든 페이지에 주요 내비게이션 바 넣기 · 버튼과 링크에 일관된 이름과 설명 사용하기
3) 화면 설계	· 콘텐츠를 깜빡이게 하지 않기 · 열리는 윈도우 스크린의 수를 최소화하기 · 색상의 과도한 사용을 피하기
	· 프레임의 사용 피하기 · 테이블을 레이아웃으로 사용하면 구조적 마크업 사용하지 않기 · 스타일시트 없이 문서를 읽을 수 있도록 구성하기
4) 정보 구조 디자인	· 폰트와 프레젠테이션을 조정할 수 있도록 하기 · 시간 제한적 반응이 요구되면, 충분한 시간을 주거나 시간을 조정할 수 있는 방법 제공하기 · 학생들이 교육과정과 자료에 상호 작용하고 반응할 수 있는 복합적인 방식 제공하기
	· 서버 측 이미지맵 대신에 클라이언트 측 이미지맵 제공하기 · 링크, 폼 컨트롤, 객체를 논리적 탭 순서로 구성하기 · 특정 시스템이나 브라우저를 작동해야만 하는 것과 같은 제한을 두지 않기 · 다른 보조공학과 호환성이 있도록 하기
5) 웹 사이트 유지	· 사용을 위한 지침과 기술적 지원 제공하기 · 서로 다른 보조공학 도구들을 사용해서 웹 접근성 파악하기

3) e - 러닝에서 웹 접근성 준수의 현황

국내외의 관련 법규 및 제도, 지침들에서 웹 접근성 확보가 중요함을 제시하고 있다. 미국과 W3C 관련 국가들에서는 지침의 준수가 법적 강제력을 가지고 있어 이를 준수하지 않으면 장애인이 소송을 제기할 수도 있다. 따라서 이러한 국가에서는 웹 접근성 준수를 위한 포괄적이고 강력한 체계를 갖추고 있다. 그러나 국내에서는 웹 접근성에 대한 인식과 접근성 지침의 준수 여부가 여전히 부족한 현실이다. 한국정보문화진흥원에서는 2005년과 2006년에 중앙행정기관, 지방자치단체, 입법·사법기관 등의 웹 사이트들을 대상으로 웹 접근성 지침 준수 여부를 조사하였다. 조사 결과, 2006년도 조사에서 전년도보다 평가 점수가 다소 향상되었지만 외국의 웹 접근성 준수 현황과 비교하면 여전히 미흡한 수준이었다(한국정보문화진흥원, 2006).

e - 러닝의 접근성을 평가한 선행연구들을 살펴보면, 신승식(2003)은 W3C의 WCAG 1.0의 준수 여부에 대해 국내 e - 러닝 콘텐츠 10개를 선정하여 자동 분석 프로그램으로 접근성 평가를 실시하였다. 그 결과, 대부분의 e - 러닝 콘텐츠들이 모든 접근성 단계에서 매우 저조한 평가 결과를 보여주었다. 또한 이지선·이병수·장병옥(2006)도 국내 20개 사이버대학의 교육 콘텐츠를 대상으로 자동화된 웹 접근성 평가를 실시한 결과, 다수의 교육 콘텐츠들이 대체 텍스트가 없는 이미지 자료를 그대로 이용하고 있으며, 웹 접근성 지침 준수 정도가 매우 낮은 것으로 나타났다. Roh(2004)의 연구에서도 웹 기반 교육의 접근성에 대해 장애대학

생, 교직원, 웹 개발자들의 인식을 조사하였는데, 이들 대부분이
웹 접근성에 대해 정확히 인식하지 못하는 것으로 나타났다.

현재 장애인을 위한 웹 접근성 확보가 중요시되고 있으며, 이에
국내에서도 웹 접근성 지침을 개발하고 국가 기관의 웹 페이지를
평가하는 등의 노력을 하고 있다. 그러나 현재 국내의 e-러닝 콘
텐츠에서는 장애학생들의 접근성이 거의 고려되고 있지 않음을 선
행연구를 통해 알 수 있었다. 따라서 앞으로는 장애학생들이 e-
러닝을 효과적으로 활용할 수 있도록 웹 접근성을 적극적으로 개
선해 나가는 것이 필요하다.

2. 보편적 설계의 원리와 e-러닝

1) 보편적 설계의 개념 및 원리

보편적 설계(Universal Design: UD)는 건축학에서 유래되었으며
주로 건축물이나 생산품, 생활환경 등을 설계하는 데 적용되어 왔
다. 그리고 1990년대 이후로는 장애인을 포함한 모든 사용자의 편
리와 접근성을 보장하기 위한 하나의 운동으로 보편적 설계 원리
가 널리 확산되고 있다(Bowe, 2000).

보편적 설계의 개념은 최초로 Mace(1985)가 '장애를 가지고 있거
나 그렇지 않은 모든 사람들에게 매력적이고 기능적인 건물이나 시
설을 별도의 비용이 거의 없이 설계하는 방법'으로 정의했다. 즉 어

떤 건물이나 환경에 특별한 조정이나 개조 없이 장애인을 포함한 모든 사람들이 편리하게 시설이나 기능을 사용할 수 있도록 하는 것이다(Center for Universal Design, 1997). 노스캐롤라이나 주립대학(North Carolina State University)의 보편적 설계 센터(Center for Universal Design: CUD) 설립자인 Mace는 소아마비로 인해 장애인으로서 살아가는 어려움을 실제 겪으면서 보편적 설계의 개념을 주장하게 되었다. 보편적 설계는 처음에 일상생활에서 이용하는 건물환경을 설계하는 것에서부터 시작되었으며, 유아기부터 노년기까지 이용하는 다양한 생활환경에 대한 접근성의 개념이 보편적 설계의 근간이 되었다. 그리고 일상 환경에서 더욱 편리하게 생활할 수 있도록 하는 사용성(usability)의 개념이 접목되었다(Bowe, 2000; Center for Universal Design, 1997). 즉 보편적 설계는 상품, 서비스, 환경의 사용성을 모든 사람들에게 최대화하는 설계이며, 연령, 장애, 상황에 상관없이 가능한 한 모든 사람들의 사용성을 향상시키는 것이다.

보편적 설계 원리가 적용된 상품이나 환경의 예는 주변에서 많이 찾아볼 수 있다. 구체적으로, 텔레비전에서 자막(caption)을 제공하는 것은 청각장애인뿐만 아니라 소음이 많은 장소에 있는 사람들에게도 유용하다. 그리고 인도의 턱을 낮추는 것은 휠체어를 사용하는 장애인뿐만 아니라 유모차를 끄는 사람에게도 유용하다. 이와 같이 보편적 설계 원리에 의해서 만들어진 시설이나 환경은 모든 사람들에게 더 기능적인 환경을 제공해 주게 된다.

보편적 설계 원리의 가장 큰 특징은 장애인과 같은 소수의 사람들만을 위한 특별한 조정 방법을 설계하는 것이 아니라, 보편적으로 모든 사람들이 사용 가능한 방법을 설계하는 것이다(Bowe, 2000;

Scott, McGuire & Shaw, 2003). 따라서 보편적 설계 원리의 적용은 인터넷 환경에서 기존에 사용되고 있는 '시각장애인용 사이트'와 같이 분리되고 특수 제작된 환경이 아니라, '장애인용'이라는 특별한 표찰 없이 모든 사용자들이 같은 환경을 사용하도록 하는 것이다. 여기에서 중요한 것은 같은 환경을 사용하는 것이 가능한 한 모두의 사용성을 높여야 보편적 설계의 원리를 구현한다는 것이다. 만약 시각장애인의 접근을 위한 요소가 장애가 없는 사람들 입장에서 미관적으로 좋지 않거나 사용하기 불편하다면, 모두 사용자의 사용성을 향상시키지 못하는 것이므로 보편적 설계의 원리를 실현하지 못한 것이다.

Bowe(2000)는 보편적 설계의 이러한 특성을 강조하기 위해서, 장애인을 위한 특별한 조정 방법을 제공하는 '보조공학'과 보편적으로 모든 사람들이 사용할 수 있는 '보편적 설계'를 다음 표와 같이 비교하였다.

<표 7>에 제시된 바와 같이, 보편적 설계는 소수의 장애인들에게만 개별적으로 제공되는 보조공학과 다르게 동시에 많은 사람들이 편리하게 사용할 수 있도록 제공되는 것이다. 이것은 보조공학

〈표 7〉 보편적 설계와 보조공학의 개념 비교(Bowe, 2000)

보편적 설계	보조공학
· 설계자/개발자의 책임	· 사용자/기관의 책임
· 서비스나 생산품의 개발 과정에 적용됨	· 개발이나 제공 이후에 사용됨
· 동시에 많은 사람에게 서비스 제공이 가능함	· 개별적인 사용자에게만 제공 가능함
· 접근성을 계속 확보할 수 있음	· 접근성이 소모될 수 있음
· 더 혁신적 방법으로 접근성을 개선할 수 있음	· 고정되어 있기 때문에 혁신적 방법으로 사용되기 어려움

과 다르게 개발단계에서 설계자에 의해 적용되는 것이고, 시간이 지나면서 접근성이 줄어들지 않으며 더욱 혁신적인 방법으로 쉽게 개선될 수 있는 융통성을 가진다. 한편, 보조공학은 기존의 정해진 구조에 맞추어야 하기 때문에 새로운 장치나 서비스로 개선하는 것에서 융통성이 극히 제한된다.

보편적 설계의 개념을 발전시키기 위해서, Mace와 그의 동료들은 실제 통합적 설계를 위한 7가지 보편적 설계 원리와 30개의 설계 지침을 다음 <표 8>과 같이 제시하였다.

보편적 설계의 원리는 특별한 조정이나 개조 없이 모든 사람들이 쉽게 사용할 수 있도록 하는 것이므로, 비단 장애를 가진 사람뿐만 아니라 모든 사람들이 이러한 기능을 편리하게 사용할 수 있다. 그래서 보편적 설계 원리를 적용한 환경이 누구를 위한 기능인지 사람들이 쉽게 인지하지 못하게 되어, 결과적으로는 장애인의 차별이나 낙인이 발생되지 않도록 해 준다(Bowe, 2000; Roh, 2004). 이렇게 '장애인용'이라는 특별한 표찰 없이 모두에게 사용성이 높은 환경을 만드는 것이 보편적 설계 원리의 기본 토대이다(정해진, 2004; Center for Universal Design, 1997; Scott, McGuire & Shaw, 2003).

2) e-러닝에서 보편적 설계의 필요성

e-러닝은 장애학생이 통합적 교육 환경에 공평하게 접근할 수 있도록 해 주고(강명희·이미화·송상호, 2004), 장애로 인해 정보 습득과 특정 경험이 어려운 경우에 보조공학이나 인터넷 도구를 사

<표 8> 보편적 설계의 원리와 지침(Center for Universal Design, 1997)

원리	지침
1. 공평한 사용 (Equitable Use) : 다양한 능력을 가진 사람들에게 유용하게 사용될 수 있는 설계	1a. 모든 사용자들이 똑같이 사용할 수 있는 방법을 제공한다. 가능하면 동일한 것이고 그렇지 못할 경우에는 동등한 것으로 제공한다. 1b. 어떤 사용자들도 분리되거나 낙인이 되지 않도록 한다. 1c. 모든 사용자들에게 사적 자유, 보호, 안전이 똑같이 확보되는 설비를 제공한다. 1d. 모든 사용자에게 매력적으로 설계한다.
2. 사용 시 융통성 (Flexibility in Use) : 개별적인 다양한 선호와 능력에 따라서 조정할 수 있는 설계	2a. 사용방법에서 선택 사항을 제공한다. 2b. 오른손잡이나 왼손잡이 학생 모두 접근해서 사용할 수 있도록 한다. 2c. 사용자의 정확성을 촉진시킨다. 2d. 사용자의 속도에 맞추어 적응된 양식을 제공한다.
3. 단순, 직관적인 사용 (Simple and Intuitive Use) : 사용자의 경험, 지식, 언어기술, 현재 관심의 수준에 관계없이 이해하기 쉬운 설계	3a. 불필요한 복잡성을 제거한다. 3b. 학습자의 기대와 직관에 일관되게 제시한다. 3c. 문해 및 언어능력의 다양한 수준에 맞게 조정하도록 한다. 3d. 중요도가 일관되도록 정보를 배열한다. 3e. 과제수행 동안과 이후에 효과적인 촉진과 피드백을 제공한다.
4. 인식 가능한 정보 (Perceptible Information) : 상황이나 사용자의 감각 능력에 상관없이 필요한 정보가 효과적으로 전달되는 설계	4a. 필수적 정보의 중복적인 제시를 위해 여러 형태(그림, 구어, 촉각 등)를 사용한다. 4b. 필수적 정보와 배경 간에 적절한 대비가 이루어지도록 한다. 4c. 필수적 정보의 가독성(legibility)을 최대화한다. 4d. 요소들의 제시 방법을 차별화한다. 중요한 정보가 명확하게 전달될 수 있도록 한다. 4e. 감각장애 학생들이 사용하는 다양한 기술이나 장비들과 호환성을 갖도록 한다.
5. 오류에 대한 포용성(Tolerance for Error): 우연적이거나 의도하지 않은 행동에 의한 부정적 결과나 위험을 최소화하기	5a. 위험이나 오류를 최소화하도록 요소를 배치한다. 많이 사용하는 요소는 가장 접근 가능하게 배치하고, 오류 요소들은 제거, 분리, 가리도록 한다. 5b. 위험이나 오류에 대해 경고한다. 5c. 오류를 방지할 수 있는 도움을 제공한다. 5d. 주의해야 하는 과제에서 무의식적인 행동을 방지한다.
6. 적은 신체적 노력(Low Physical Effort): 최소한의 노력으로 효율적이고 편리하게 사용될 수 있는 설계	6a. 신체 자세를 바르게 유지할 수 있도록 한다. 6b. 조작을 위해 적절한 힘을 사용하도록 한다. 6c. 반복적인 행동을 최소화한다. 6d. 지속되는 신체적 노력을 최소화한다.
7. 접근과 사용을 위한 크기와 공간(Size and Space for Approach and Use): 사용자의 신체 크기, 위치, 이동성에 상관없이 접근, 도달, 조작, 사용할 수 있는 적절한 크기와 공간	7a. 앉거나 서 있는 사용자에게 중요한 요소들이 명확하게 보이도록 제공한다. 7b. 앉거나 서 있는 사용자가 모든 요소들에 편리하게 접근할 수 있도록 한다. 7c. 손의 크기와 손을 쥐는 정도에 따라 조정할 수 있도록 한다. 7d. 보조 장비나 개인적 지원을 사용할 수 있는 적절한 공간을 제공한다.

용하여 쉽게 정보를 습득할 수 있도록 해 준다(Seale, 2006). 그러나 이러한 e-러닝의 장점을 장애학생이 충분히 활용하도록 하기 위해서는 장애학생이 사용하기 편리하게 e-러닝이 설계되어야 한다. e-러닝이 장애학생들에게 공평한 교육 기회를 제공하고 효과적으로 정보를 습득하고 학습할 수 있게 하는 긍정적 영향력을 가지지만, 접근성을 고려하지 않은 e-러닝은 장애학생에게 또 다른 장벽을 가져다주게 된다(Seale, 2006). 예를 들어, 전맹 시각장애 학생은 e-러닝 환경에서 시각적 정보를 볼 수 없으므로 이러한 정보를 음성으로 변환해 주는 보조공학 소프트웨어를 사용해야 한다. 그러나 e-러닝에서 제공되는 학습 정보가 음성으로 변환되도록 설계되지 않았을 경우, 시각장애 학생은 e-러닝에서 또다시 제한을 경험하고 비장애학생들과 동일한 학습을 할 수 없게 된다. 따라서 장애학생을 고려하지 않은 e-러닝은 장애를 극복할 수 있는 새로운 학습 환경을 제공하는 것이 아니라, 또 다른 정보 격차(digital divide) 환경을 제공할 뿐이다(Roh, 2004; Seale, 2006).

따라서 장애대학생이 대학학습에서 e-러닝의 장점을 활용할 수 있도록 하기 위해서는 어떤 장애를 가진 학생들도 효과적으로 사용할 수 있도록 e-러닝 환경을 설계해야 한다. 이를 위해 e-러닝 설계 단계의 초기부터 보편적 설계 원리를 적용하여, 장애학생을 포함한 모든 학생들이 편리하게 학습할 수 있도록 e-러닝을 설계해야 할 것이다(Bowe, 2000; Burgstahler, 2006; Hitchcock, 2002; Roh, 20004).

e-러닝에서 보편적 설계의 필요성에 대해 제안하고 있는 선행 연구들을 살펴보면 다음과 같다. 우선, Burgstahler(2006)는 e-러닝

의 학습자가 다양해지면서 다양한 특성을 가진 학생들의 접근과 사용을 고려하여야 하며, 이를 위해 보편적 설계 원리에 근거해 e-러닝을 설계해야 한다고 주장하였다. Roh(2004)도 웹 기반 교육이 장애학생에게 정보 격차를 제공하는 환경이 되지 않도록 접근성과 보편적 설계 원리에 근거해서 설계되어야 함을 강조하였다. Bowe(2000)는 장애학생들의 학습 요구에 따라 적절한 지원을 제공하는 원격교육을 설계하기 위해 보편적 설계 원리가 필요하다고 제안하였고, Hitchcock(2002)은 장애학생을 포함한 모든 학생들에게 접근 가능한 웹 기반 교육을 개발하기 위해 보편적 설계 원리가 필요하다고 주장하였다. 이와 같이 최근의 선행연구들을 살펴볼 때 e-러닝에서 보편적 설계 원리를 강조하고 있음을 알 수 있다. 비단 장애뿐만 아니라 문화, 언어, 배경지식, 학습양식 등의 측면에서 점점 다양한 특성과 배경을 가진 학습자가 늘어나면서 이러한 학습자들을 모두 수용할 수 있는 통합적인 e-러닝 환경을 만들기 위해서는 보편적 설계 원리가 중요하다는 것을 알 수 있다.

제3장
교육에서 보편적 설계 원리의 적용

1. 교육 환경에서 보편적 설계 원리의 필요성

보편적 설계의 개념이 건축학에서 시작하여 90년대에 사회적으로 강조되기 시작하면서, 다양한 상황에 보편적 설계가 적용되기 시작하였다. 이러한 상황에서 교육자들은 장애학생들의 통합교육을 위한 방안 중 하나로 보편적 설계의 원리를 고려하게 되었다(McGuire, Scott & Shaw, 2006).

최근 미국에서는 국가 보고서 및 관련 법 제정을 통해 장애학생의 통합교육을 위한 보편적 설계의 적용을 강조하고 있다. 2002년 특수교육에 대한 대통령 위원회(President's Commission on Excellence in Special Education)의 보고서에서는 일반교사와 특수교사가 장애학생을 위한 효과적인 교수를 위해 서로 협력해야 함을 강조하면서, 교사 책무성과 학생 진전도 측정 방법이 모두 보편적 설계 원리에 근거해 개발되어야 한다고 권고하였다(McGuire, Scott

& Shaw, 2006). 또한 미국에서 2004년에 통과된 장애인교육향상법 (Individuals with Disabilities Education Improvement Act of 2004: IDEIA)에서는 장애학생이 일반 교육과정에 최대한 접근할 수 있도록 하기 위해 보편적 설계 원리를 근거로 테크놀로지를 사용해야 한다는 요건이 있다. 또한 이 법에서는 장애학생을 위해 보편적 설계 원리 기반의 대안적 평가를 개발하고 실행해야 함을 요구하고 있다.

이와 같이, 장애학생 통합교육을 위한 보편적 설계의 필요성에 대해 법률적, 제도적 관심이 증가하면서 구체적으로 교수·학습 환경에 적용하기 위한 보편적 설계의 이론 개발에 관심이 집중되게 되었다.

건축물이나 상품 생산에 적용되는 보편적 설계의 개념과 달리, 교육 환경에 적용되는 보편적 설계의 핵심은 디지털 테크놀로지를 활용하여 융통성 있는 학습 환경을 만드는 것이다(Rose & Mayer, 2002). 즉 학습자에게 학습 자료를 제시하는 방식과 이에 대해 학습자가 상호 작용하는 방식이 여러 가지 형태로 쉽게 전환할 수 있는 융통성에 있다. 비록 디지털 자료가 보편적 설계를 적용하는 유일한 방식은 아니지만, 표현에 있어서 최대의 융통성을 허용해 주기 때문에 디지털 테크놀로지는 다양한 학생들의 능력 범위에 따라 쉽게 조정하여 교수 자료를 제공해 줄 수 있다(윤광보·김용욱·권혁철, 2002). 따라서 보편적 설계의 원리를 교육에 적용하는 것은 교수, 학습, 평가, 관리 방법 등의 여러 측면에서 장애를 포함한 다양한 수준과 특성을 가진 학생들을 처음부터 고려하여 융통성 있게 교육 환경을 설계하는 것이다.

　보편적 설계의 개념이 교육 환경에 적용되면서, 장애학생뿐만 아니라 문화, 언어, 배경지식, 학습양식 등에서 서로 다른 학생들에게 맞는 융통성 있는 교수 전략과 교수 자료의 필요성이 강조되었다. 즉 비단 뚜렷하게 보이는 장애에만 초점이 맞추어진 것이 아니라, 다양성의 범위를 넓혀 장애를 포함한 학습자의 다양한 특성과 요구를 충족시키도록 교수가 보편적으로 설계되어야 함을 의미하는 것이다.

2. 교육에서 보편적 설계의 영향

1) 보편적 설계의 요소와 학습 이론

　교수·학습 과정에 적용하는 보편적 설계는 단순히 정보의 접근에만 국한된 것이 아니라 학습의 접근성을 제공한다(Rose & Meyer, 2002). 즉 수업에서 학습 정보에 대한 물리적 접근을 향상시키는 것뿐만 아니라 학습의 인지적 접근을 향상시키는 것이다. Rose와 Meyer(2002)는 보편적 설계에 근거한 교육과정을 통해 학습에 대한 접근을 증진시킬 수 있다고 설명했다. 여기에서 접근은 단순히 학습 정보를 입력하는 것이 아니라, 정보를 처리하고 기억하는 학습의 과정에 영향을 미치는 것이다.

　이와 같이 보편적 설계의 원리는 학습에 대한 접근을 향상시키고 정보처리 과정 및 학습 성과에 긍정적 영향을 미칠 수 있다.

이에 교육에서 보편적 설계의 원리와 밀접한 관련이 있는 학습 이론에는 어떠한 것들이 있는지 탐색해 보았다.

첫째, 교수·학습 환경에 적용되는 보편적 설계 원리의 요소들 중에는 복합적, 중복적인 정보 제시가 가장 많이 언급된다. 이러한 보편적 설계의 주요 요소인 '중복성'은 여러 학습 이론 연구들에서 효과가 검증되었다(Bowe, 2000). 이에 Bowe(2000)는 이러한 선행연구들과 보편적 설계의 관련성을 제시하면서, 보편적 설계 원리가 학생들의 학습에 긍정적 영향을 미친다고 주장하였다. 이러한 중복성과 관련된 학습 이론을 구체적으로 살펴보면, Pavio(1990)의 이중 부호화 이론(dual coding theory)을 제시할 수 있다. 이 이론에 따르면, 학습자들이 시각과 청각을 모두 이용하여 정보를 처리하면 인지적 활동을 더욱 효과적으로 처리하게 된다. 학습자는 학습을 할 때 언어적 활동기억(working memory)과 비언어적 활동기억을 사용하게 되는데, 이때 유의미한 학습이 일어나려면 제시된 언어 정보에서 내적인 언어 표상을 구축하고, 시각 정보에서 내적인 시각 표상을 구축해야 한다. 그리고 이 두 정보의 연결이 효과적으로 구축되어야 비로소 유의미한 학습이 이루어진다(Mayer & Anderson, 1991). 따라서 언어적 자료와 시각적 자료가 통합되어 중복적으로 제시될 때, 학습자는 언어적, 비언어적 개념들을 더 잘 연결해서 학습에 대한 이해와 전이가 효과적으로 이루어지게 되는 것이다.

선행연구들에서는 일반적으로 하나의 정보 제시 양식을 사용하는 것보다 여러 개의 양식을 사용하여 정보를 제시하는 것이 학습을 촉진시킨다고 결론을 짓고 있다. 즉 학습자들이 청각과 시각을 모두 사용하도록 학습 내용을 제공하는 것이 기억에 더 효과적이며(Penny, 1989), 학생들에게 한 가지 감각만을 사용하도록 하는 것보다 시각과 청각을 모두 사용하도록 하는 정보 제시 양식이 활동기억을 더 활성화시킨다(Mousavi, Low & Sweller, 1995). 구체적으로 Mayer와 Anderson(1991)은 내레이션과 애니메이션을 제공한 것과 내레이션만 제공한 것을 비교하였는데 애니메이션을 함께 사용한 것이 더 효과적이었고, Kalyuga, Chandler & Sweller(1998)의 연구에서도 텍스트와 그림을 같이 제시한 것이 학습에 더 효과적이었다. 이러한 선행연구들을 볼 때, 단일한 정보 전달 양식보다 멀티미디어를 사용하여 학습자의 시각과 청각을 모두 사용한 정보 전달이 양식이 더 효과적이라는 것을 알 수 있다.

둘째, 보편적 설계 원리에 근거하여 교수·학습 환경에서 시각과 청각 정보를 중복적으로 제공하는 경우, 학습자는 정보를 동시에 처리할 수 있는 활동기억 용량이 제한되기 때문에 인지적 부하를 경험할 수 있다. 인지적 부하 이론(cognitive load theory)에 따르면, 정보를 동시에 처리할 수 있는 인간의 활동기억 용량은 제한되어 있다(Mayer & Moreno, 1998). 그러므로 학습 정보를 모두 중복적으로 제시하는 경우, 학습자는 어떤 정보를 우선적으로 학습해야 할지 혼란스러워할 수 있고 한꺼번에 입력되는 정보들로 인해 인지적인 부하가 발생하여 학습 효과가 오히려 떨어질 수 있다. 학습 환경에서 언어 정보와 비언어적 정보가 시각적으로 동시에 제공되면, 학습자의 시각적 정보처리 과정에서 두 정보가 경쟁하게 되어 학습자의 주의집중이 분산되게 된다. 이것을 여러 선행연구들에서는 '주의-분리 효과(split-attention effect)'라고 언급하고 있다(Kalyuga, Chandler & Sweller, 1999; Mousavi, Low & Sweller, 1995).

따라서 정보를 중복적으로 제시할 때에 정보 전달 양식이 서로 경쟁적으로 작용하여 학습자의 주의를 분리시키지 않도록 해야 학습에 효과적이다. 그리고 인지적 부하 이론에 따르면, 학습 내용과 직접적인 관련이 없으면서 시선을 끄는 삽화, 음향효과, 무의미한 텍스트 등을 제공하는 것은 학습에 효과적이지 않다(Mayer, Heiser & Lonn, 2001; Mayer & Moreno, 2002). 주제와 직접적으로 관련이 없는 정보를 더 제공하게 되면 학습자는 동시에 처리해야 하는 활동기억에 인지적 부하를 경험하게 되어, 제한된 시간에 학습 내용 전체를 처리하지 못하게 한다. 따라서 보편적 설계 원리에 근거한 교수·학습 환경에서는 자료 제시의 중복성으로 인해 학습자의 인지적 부하가 발생되지 않도록 조절할 수 있는 요소가 고려되어야 할 것이다.

셋째, 보편적 설계 원리에 근거하여 학습 자료, 방법, 평가 등에서 여러 가지 선택권을 학습자에게 제공하는 것은 학습 선호도 이론(learning preference theory)과 밀접하게 관련된다. 학습 선호도 이론에 따르면, 학습자가 선호하는 양식으로 학습할 수 있는 선택권을 제공하는 것이 학습에 긍정적인 영향을 미치게 된다(Mayer & Moreno, 2002). 멀티미디어를 활용하는 학습에서 어떤 학생들은 내레이션과 같은 음성 언어에, 또 어떤 학생들은 텍스트와 같은 문자 언어를 통해 더 잘 학습한다(Plass et al., 1998). 그래서 같은 언어 정보를 다른 전달 양식을 통해 제공하게 되면, 학생들은 자신이 선호하는 양식을 선택하여 학습할 수 있도록 허용하게 된다. Plass et al.(1998)의 연구에서는 문자로 제시하는 주석과 음성으로 제시하는 주석을 선택할 수 있도록 한 것이 한 가지 형태로만 제시한 형태보다 학습에 더 효과적이라고 제시했다. 이를 통해 학생들의 선호에 따라 정보 제시 양식을 선택할 수 있도록 하는 것이 학습에 효과적인 방법이라는 것을 알 수 있다.

학습자들은 자신이 습관적으로 사용하는 것이 아닌 다른 양식으로 정보가 제시되면, 자신이 선호하는 양식에 부합되게 정보를 재조직하려 한다(조경자·한광희, 2002). 예를 들어, 어떤 학생은 언어적으로(텍스트를 읽거나 듣기) 학습하기를 선호하며, 다른 학생들은 시각적(그래프, 다이어그램, 그림)으로 학습하기를 선호할 수 있다. 이러한 경우, 언어적 정보처리를 선호하는 학생은 그림 정보를 단어나 의미 표상으로 변환할 것이고, 이미지의 정보처리를 선호하는 학생은 텍스트의 의미 정보를 심상으로 변환시킬 것이다. 이와 같이 제시된 정보는 학습자가 선호하는 방식으로 다시 변환하여 처리하게 되며, 이 과정에 부가적인 시간과 노력이 요구된다. 따라서 효율적, 효과적으로 교수·학습이 이루어지기 위해서는 학습자가 자신이 선호하는 정보 제시 방법에 맞추어 학습할 수 있도록 선택 가능한 다양한 형태를 설계하는 것이 필요하다(Riding & Douglas, 1993; Riding & Watts, 1997).

2) 보편적 설계와 통합교육

교수·학습 환경에서 보편적 설계 원리 적용의 효과에 대해 선행연구들을 근거로 살펴보면, 장애학생들의 물리적, 심리적 통합(inclusion)을 촉진시킬 수 있다(McGuire, Scott & Shaw, 2006; Rose

& Meyer, 2002). 즉 일반적인 교실 수업에서 소외되었던 장애학생
들이 물리적, 심리적으로 일반적인 교육 환경에 더 접근이 가능하
게 된다. 보편적 설계는 장애학생들을 분리된 범주로 보기보다 다
양한 학습자의 연장선상에 속하는 것으로 보기 때문에(Roh, 2004),
장애학생이 교육 환경에서 분리되지 않으며 다른 학습 자료를 사
용하는 '장애아'라는 낙인이 되지 않도록 한다. 즉 장애학생들이
일반 학생들과 분리된 다른 자료나 장치를 사용하는 것이 아니라
동일한 교수 자료와 교수 환경에서 학습하게 함으로써 통합교육을
더욱 촉진시킨다.

교육 환경에서 보편적 설계의 원리는 정해진 교육과정만을 학습
하도록 학생들을 바꾸려 하는 대신에, 다양한 학습자를 수용하도록
교육과정 자체를 탄력적으로 바꾸는 교육 패러다임의 전환을 이끈
다. 이것은 적절히 학습하지 못하는 것을 학생의 문제로 보기보다
다양한 학습자를 수용하지 못한 교육과정의 문제로 보고, 이러한
교육과정 자체를 탄력적으로 만들도록 하는 교수 변화에 관심을
가지는 것이다.

최근에는 이러한 보편적 설계 원리가 장애학생 통합 정책에 뒤
따르는 교육 패러다임 중의 하나이며 가치 체계일 뿐이라는 의견
도 있으며(McGuire, Scott & Shaw, 2006), 보편적 설계는 사회적으
로 바람직한 가치의 탐구 과정이라는 주장도 있다(Welch, 1995).
즉 가시적인 건축학에 적용되는 보편적 설계의 원리가 교수·학습
환경에 적용되기에는 구체성과 실용성이 부족하며, 차라리 '통합'
이라는 용어처럼 특수교육의 한 패러다임이며 제도에 근간이 되는
가치와 이념일 뿐이라는 것이다. 그래서 이러한 구체성의 부족은

원리가 적용되는 교육 상황에 따라 다르게 해석되고 본래의 원리와는 다르게 활용될 수 있는 문제점도 잠재해 있다. 지금까지 장애학생 교육에서 보편적 설계의 개념을 다룬 선행연구들 대부분이 개념에 대한 필요성, 원리 자체와 예를 다룰 뿐이지 구체적으로 장애학생 교육에 어떻게 적용이 될 수 있는지를 뚜렷하게 보여주거나 효과를 검증한 연구가 미미한 것은 이러한 문제를 잘 반영한 것이다.

따라서 앞으로는 보편적 설계의 원리가 장애학생 통합교육에 적용 가능하고 실용적인 교수·학습 방법인지를 타진해 보는 것이 필요하다. 보조공학이나 접근성의 용어처럼 교육과정이나 교수 자료에 단순히 접근만을 확보하는 완곡한 표현의 용어일 뿐인지, 아니면 학습에 직접적인 영향을 발휘하는 효과적인 교수 접근이며 궁극적으로 장애학생의 통합교육을 촉진시키는 실제적인 방안인지를 탐색해야 한다.

3. 보편적 설계 원리의 적용 모델

최근에 보편적 설계를 교육 환경에 적용하는 접근 방법을 제시하는 대표적인 이론적 모델과 각각의 설계 요소들을 살펴보면 다음과 같다.

1) 학습을 위한 보편적 설계
(Universal Design for Learning: UDL)

1998년에 Orkwis와 MacLane(1998)은 교육과정 개발에 보편적 설계의 적용을 강조하기 위해 내재된 적응(built - in adaptation)과 통합적 조정(inclusive accommodation)이라는 보편적 설계의 개념을 교육 상황에 적용시켰다. 그리고 1984년에 설립된 비영리 단체인 응용특수공학센터(Center for Applied Special Technology: CAST)에서는 장애인을 포함한 모든 사람들에게 교육의 기회를 확장시키기 위해 테크놀로지를 사용할 것을 주장하였다. 그리고 CAST는 일반 교육과정으로의 접근, 참여, 진전도를 촉진시키기 위한 교육과정 설계 방법으로서 학습을 위한 보편적 설계(Universal Design for Learning: UDL)를 제안하였다(Rose & Mayer, 2002).

CAST는 UDL을 '새로운 뇌 연구와 매체 공학에 근거하여 다양한 학습자들을 위한 교수, 학습, 평가의 새로운 접근 방법'이라고 정의하였다. 그리고 UDL의 필수적 원리를 다음의 <표 9>와 같이 3가지로 제안하였으며, CAST에 소속된 Rose와 Mayer(2002)는 3가지 UDL 원리를 구현하는 교수 방법의 예를 다음과 같이 제시하고 있다.

CAST에서는 교사가 다양한 능력과 학습 양식을 가진 이질적인 학생들을 교수할 수 있도록 멀티미디어 학습 도구를 개발하는 데 주력하였다. 이에 CAST에서는 UDL을 적용한 학습도구로서 'eReader'라는 읽기·쓰기 지원 소프트웨어를 개발하였다. 이것은 내레이션 텍스트와 시각적 강조 등의 읽기 지원을 전자 텍스트와 결합한 형

〈표 9〉 UDL의 원리와 교수 방법(Rose & Mayer, 2002)

UDL의 3가지 원리	UDL 원리를 적용한 교수 방법의 예
1. 복합적인 내용 제시 방법 (multiple methods of presentation)	· 복합적인 예 제공 · 정보의 중요한 특징 강조 · 복합적인 매체와 형태 제공 · 배경 지식 및 맥락에 대한 정보 제공
2. 복합적인 표현 방법 (multiple methods of expression)	· 융통성 있는 수행 모델 제공 · 연습을 지원하는 기회 제공 · 지속적이고 관련된 피드백 제공 · 기술 시연을 위한 융통성 있는 기회 제공
3. 복합적인 참여 방법 (multiple options for engagement)	· 내용과 도구의 선택사항 제공 · 적절한 목표 수준 제공 · 보상의 선택 제공 · 학습 상황의 선택 제공

태이며 이를 통해 다양한 능력을 가진 학습자들이 교육과정에 접근할 수 있도록 하였다(CAST, 2004). UDL은 초등·중등교육 상황에 주로 초점이 맞추어져 있으며, 보편적 설계의 학습 도구와 전략을 교육과정에 통합하는 방법에 대한 교사용 지도서 및 지침서들을 개발하였다(McGuire, Scott & Shaw, 2006).

2) 교수를 위한 보편적 설계
(Universal Design for Instruction: UDI)

보편적 설계의 원리를 교수 상황에 적용한 이론적 모델로서 '교수를 위한 보편적 설계(Universal Design for Instruction: UDI)'가 있다. 코네티컷 대학(University of Connecticut)의 '중등이후교육 장애 센터(Center on Postsecondary Education and Disabilities: CPED)'에서는 보편적 설계 원리와 고등교육 상황에서의 교수 전략들을 검토하여 고등교육 상황에 적용할 수 있는 보편적 설계 원리를 UDI로 명명하였다. CPED에서는 UDI를 장애학생들을 포함하여 다양한 범위의 학습자들에게 통합적인 교수 전략을 설계하고 사용하는 교수 접근으로 설명하고 있다(Scott, McGuire & Foley, 2003). CPED에서 이루어지는 UDI 연구의 초점은 학습장애와 같은 인지적 장애를 가진 대학생들을 위한 교육방법을 파악하기 위한 것이며, 대학교수가 이러한 학생들을 위해 사용할 수 있는 교수 자료 및 교수 방법을 탐색하는 것이다. 이 일환으로 UDI는 고등교육 상황에서 학습장애를 가진 대학생의 교수에 보편적 설계를 적용하는 것에 초점이 맞추어져 있다(McGuire, Scott & Shaw, 2006).

CPED는 여러 대학들과 연계를 해서 대학 강좌에서 UDI 적용 방법에 대해 연구를 실시해 왔으며, 실제 대학생들의 피드백을 받아 UDI 적용 방법을 개선해 나갔다. 이에 UDI는 다양한 특성과 능력을 가진 대학생들에게 더 통합적인 고등교육 환경을 제공할 수 있는 실제적 모델로서 인식되고 있다(Scott, McGuire & Shaw, 2003).

UDI는 다음 <표 10>과 같이 총 9가지 원리로 이루어져 있으며, 대학에서 교수자가 실제 적용할 수 있는 구체적인 교수 전략들을 함께 제안하고 있다. 9가지 원리 중에서 7가지 원리는 보편적 설계를 그대로 적용한 것이며, 나머지 2가지 원리인 '학습자 공동체'와 '교수적 분위기'는 대학교육이라는 독특한 상황에 맞추어 CPED에서 추가한 것이다. 구체적으로, UDI는 온라인 강의 노트, 과제 안내서, 과제 선택권, 온라인 실습 제공 등의 실례들을 제시하면서, 대학의 교수 환경에서 적용할 수 있는 실제적 전략들을 제공하고 있다.

<표 10> UDI의 원리와 적용 예(Scott, McGuire & Shaw, 2003)

원 리	정 의	UDI의 적용 예
1. 공평한 사용	・다양한 능력을 지닌 학습자에게 유용하면서도 접근 가능하게 설계하기 ・모든 학습자에게 동일한 활용 수단 제공하기 ・가능한 한 동일하게 하되 여의치 않을 경우 대등한 내용 제공하기	・청각능력, 영어능력, 학습 및 집중능력, 노트필기 기술 수준에 상관없이 모든 학생들에 의해 똑같은 방법으로 접근할 수 있도록 온라인 수업 노트 제공하기 ・읽기, 듣기, 학습하기에 필요한 개별적 보조공학을 사용할 수 있도록 디지털 자료 제공하기
2. 사용 시 융통성	・다양한 특성을 가진 학습자들을 수용할 수 있도록 설계하기 ・사용방법에 있어 선택할 수 있는 여지 제공하기	・다양한 교수 방법(시각적 개요, 그룹 활동, 이야기 사용, 웹 보드 기반의 토론)을 사용하기
3. 단순과 직관성	・학습자의 경험이나 지식, 언어능력, 집중도 등에 상관없이 직관적으로 예측 가능하게 설계하기 ・불필요한 복잡성 지양하기	・시험, 과제, 프로젝트에 대한 기대를 명확하게 제시하기 위해서 평가 기준표를 제공하기 ・전반적으로 정확한 정보 제공을 위한 강의계획서 사용하기 ・어려운 과제에 대해 학생들을 지도하는 핸드북 제공하기
4. 인식 가능한 정보	・학습자의 감각능력 등에 상관없이 필요한 정보가 효과적으로 전달될 수 있도록 설계하기	・교과서, 읽기 자료, 다른 교수 지원을 디지털 형식이나 온라인 형식으로 선택하도록 하기 ・다양한 요구(시각, 학습, 주의집중, 영어 등)를 가진 학생들이 다양한 테크놀로지 지원(스크린 리더, 확대기, 전자사전 등)을 사용하여 자료를 학습할 수 있도록 허용하기
5. 오류에 대한 포용성	・개별 학습자의 학습 진도와 선수 기능 등에서의 차이를 반영할 수 있도록 설계하기	・강좌 프로젝트를 구조화하기 ・학생들이 개별 프로젝트 요소를 분리해서 할 수 있는 선택권 제공하기 ・강의실 수업을 보충할 수 있는 온라인 연습을 제공하기
6. 적은 신체적 노력	・학습에 대한 집중력을 극대화하기 위하여 불필요한 신체적 노력을 극소화하도록 설계하기	・수업에서 보고서를 쓰고 편집, 또는 논술 시험을 보기 위해 워드 프로세서 사용을 허용하기 ・텍스트의 일부를 다시 쓰는 신체적 노력 없이 문서를 편집할 수 있도록 하기
7. 접근과 사용을 위한 크기와 공간	・학습자의 신장, 동작, 운동성, 의사소통의 필요성 등에 상관없이 접근, 조작, 활용할 수 있는 충분한 크기 및 공간 제공	・소그룹 토론에서는 토론하는 동안 학생들이 토론자의 얼굴을 볼 수 있도록 배치하기

원 리	정 의	UDI의 적용 예
8. 학습자 공동체	· 학습자 간, 학습자와 교수자 간 상호 작용과 의사소통을 증진시킬 수 있도록 학습 환경 설계하기	· 토론 그룹, e-mail 리스트, 채팅 그룹과 같이 학습자그룹을 구조화하여 학생들 간 의사소통 촉진시키기 · 학생과의 개인적인 연결을 만들고 학생들의 수행을 촉진시키는 동기 전략 사용하기
9. 교수적 분위기	· 따뜻하고 통합적으로 설계하기	· 특별한 학습 요구에 대한 상의와 허용의 수준을 확립하기 위해 다양성을 존중하는 진술을 강의계획서에 제시하기 · 다양한 사고를 강조하기

3) 교육에서의 보편적 설계
(Universal Design in Education: UDE)

UDL 및 UDI와 맥을 같이하면서 보편적 설계 원리를 학령기, 대학교육, 평생교육 단계에 적용하여 일반적으로 실행할 수 있는 교육방법을 제안하고 있는 것이 Bowe(2000)가 제안한 '교육에서의 보편적 설계(Universal design in Education: UDE)'이다. Bowe는 UDL 이나 UDI처럼 특정 대상이나 상황을 초점으로 하는 적용 모델을 제안한 것은 아니지만, 보편적 설계의 원리를 일반적인 교육 환경에 적용하고 이에 대한 구체적인 실례를 제공해 주고 있다. 특히, 보편적으로 설계된 교육(universally designed education) 실현을 위해 테크놀로지를 활용하는 구체적 방법에 초점을 맞추었다. 그래서 원격교육, 디지털 매체, 전자 텍스트, 웹 접근성 등을 보편적 설계의 각 요소들과 연관시켜 설명하면서 테크놀로지를 통한 보편적 설계의 교육을 강조하였다.

Bowe(2000)는 최근의 테크놀로지가 학습 경험 측면에서 유의미한 영향력을 가질 것이며, 다양한 학습 양식의 학생들을 통합적으로 교육하는 데 크게 기여할 것이라고 제안했다. 이러한 맥락에서 테크놀로지의 장점을 활용한 보편적 설계의 원리는 모든 학생들에게 접근 가능한 교육 환경을 만들 수 있으며, 다양한 배경과 능력을 가진 학생들이 더 효과적으로 학습하도록 하는 데 크게 영향을 미칠 것이라고 주장했다.

UDE의 원리는 다음의 <표 11>과 같이 보편적 설계의 7가지 원리를 큰 틀로 하고 이에 대한 구체적 예를 제시하고 있다. 이와 같은 형태는 Scott, McGuire & Shaw(2003)가 제시한 UDI와 비슷한데, 보편적 설계의 7가지 원리를 그대로 틀로 사용하고 교육 환경에서의 적용 실례들을 각 원리들마다 제시하고 있는 것이다. UDE를 살펴보면, UDL이나 UDI의 예와 달리, 디지털 매체, 전자 텍스트 등에 더 중점을 두어 적용하고 있음을 발견할 수 있다. UDL은 학령기 학생들 대상의 교수 방법 및 수업 교재 개발에 초점이 맞추어져 있고, UDI는 대학교육 환경에서 학습장애 학생들에 초점이 맞추어져 강의를 개발하는 것을 강조하고 있다. 이에 반해, Bowe가 제안한 UDE의 실례들은 원격교육, 보조공학 사용, 온라인 그룹, 웹 접근성 등을 강조하고 있어, 교육 환경에서 감각 및 지체 장애 학생들의 통합에 더 초점이 맞추어져 있다고 해석할 수 있다.

<표 11> UDE의 원리와 적용 예(Bowe, 2000)

원 리	정의	UDE의 적용 예
1. 공평한 사용	다양한 능력을 가진 사람들에게 유용하게 사용될 수 있는 설계 하기	· 모든 학생들이 접근 가능한 웹 사이트 제공하기 · 중요한 정보를 교실에서 구어로만 제시하지 않고, 다른 매체로 정보를 함께 제공하기 · 원격 교육 적절히 사용하기
2. 사용 시 융통성	개별적으로 다양한 선호와 능력에 따라 조정할 수 있는 설계	· 다양한 문화의 학습자를 고려하여 문화에 따른 선택권 제공하기 · 컴퓨터를 사용하여 텍스트 크기나 색상 변경, 텍스트를 음성으로 듣기, 강조기법 등 사용하기 · 온라인 그룹을 사용하여 학습자 간의 상호 작용 기회 증가시키기 · 스크린 사이즈 조절하기 · 음성 인식 또는 음성 합성 프로그램 사용하기
3. 단순하고 직관적인 사용	사용자의 경험, 지식, 언어 기술, 현재의 관심수준에 관계없이 이해하기 쉬운 설계	· 온라인 사전 제공하기 · 핵심 내용을 강조하는 선행 조직자 제공하기
4. 인식 가능한 정보	주위 상황이나 사용자의 감각 능력에 상관없이 필요한 정보가 효과적으로 전달되는 설계	· 동일한 내용에 대해 그림, 텍스트, 음성을 복합적으로 제시하기 · 동영상에 자막 제공하기 · 텍스트 강조기법 사용하기 · 스크린 리더에 의해 읽힐 수 있도록 메뉴에 텍스트 설명 제공하기
5. 오류에 대한 포용성	우연적이거나 의도하지 않은 행동에 의한 부정적 결과나 위험을 최소화하기	· 키보드를 잘못 누르는 것을 방지하는 장치 사용하기 · 되돌리기, 자동 저장, 오류 수정, 맞춤법 및 문법 교정 프로그램 등을 통해 오류를 방지하기
6. 적은 신체적 노력	최소한의 노력으로 효율적이고 편리하게 사용될 수 있도록 하기	· 학생들의 상황에 맞게 시간 활용을 할 수 있고 소그룹 토론의 참여 기회를 증가시키기 위해 원격교육을 사용하기
7. 접근과 사용 위한 크기와 공간	사용자의 신체 사이즈, 위치, 이동성에 상관없이 접근, 도달, 사용할 수 있도록 크기와 공간을 만들기	· 손의 사용 능력에 상관없이 버튼이나 스위치를 조작할 수 있도록 만들기

<표 12> 보편적으로 설계된 교육과정 및 교수의 지침(Bowe, 2000)

구 분	지 침
보편적 설계의 교육과정 (universally designed curricula)	· 정보를 시각적, 청각적인 복합적 방법으로 제시하기 장애학생들의 개인적 보조공학 장치를 사용할 수 있도록 웹 페이지를 구하기. 텍스트에 음성 설명을 동시에 제공하기, 중요한 텍스트 강조하기, 독립적이 되도록 학생 지원 감소하기 등 · 교육과정 및 학습 자료에 대해 복합적인 방법으로 학생들이 반응하고 상호작용할 수 있도록 하기 학급에서 녹음기나 컴퓨터 프로그램을 사용해서 구두로 반응할 수 있도록 하기. 타이핑을 해서 쓰는 것으로 대답하도록 하기, 글자크기, 글자체, 배경색 등의 정보의 형태를 조절할 수 있도록 하기. 컴퓨터에서 정보가 제시되는 속도를 조절할 수 있도록 하기 · 학습 자료에서 의미를 발견하고 동기화하는 복합적인 방법을 제공하기 독립적인 과제 수행 기회 제공하기, 팀의 구성원으로서 역할 수행 기회 제공하기, 온라인 게시판을 통한 학습활동에 참여 독려하기 · 개인 웹 페이지와 수업 웹 페이지 사용하기 모든 학생들이 접근하기 쉬운 웹 페이지를 수업에 사용하기
보편적 설계의 교수 (universally designed teaching)	· 교수에서 문화의 영향 인식하기 교육자로서 자신의 문화가 교수에 어떠한 영향을 미치는지를 파악하고, 학생들의 문화가 어떻게 다른지 파악하기 · 지식과 기술을 시연하는 다양한 선택권을 학생에게 제공하기 전통적인 검사와 보고서뿐만 아니라 그룹 활동, 포트폴리오 등을 포함하기. 학생들의 학습양식과 선호에 따라 다양한 대안들 중 선택할 수 있도록 하기 · 원거리에서도 교수를 제공하고 학생 활동을 파악할 수 있도록 하기 e - mail, 웹, 전자통신 등을 이용하여 원격 학습 제공 · 학생들에게 디지털 텍스트(e - book)를 사용하기 디지털 읽기 자료를 통해 다양한 학습자에게 흥미로운 선택 사항을 제공하기 · 중복된 매체로 정보를 제공하기 강의 녹화, 웹 자료 등을 통해 동일한 학습 내용을 중복적으로 제공하기 · 정확성과 속도를 향상시키기 위해서 학생을 지원하기 컴퓨터 프로그램 등을 이용하여 연습하기 · 중요한 정보는 다른 언어로 번역하여 제공하기 · 수업 장소는 물리적으로 접근 가능한 곳을 선정하기

지금까지 보편적 설계를 교육 환경에 적용하는 이론적 모델들과 구체적인 적용 실례들을 살펴보았다. 제시된 것과 같이 교육 현장에서 보편적 설계의 개념을 포함하는 적용 모델은 UDL, UDI, UDE 등 여러 용어들이 혼재해 있다. 최근에는 이러한 다양한 모델들의 차이점이 무엇인지에 대해 의문을 제기하면서, 용어 사용에 신중

을 기해야 함을 제안하기도 했다(McGuire, Scott & Shaw, 2006).

이에 앞으로의 연구에서는 UDL, UDI 등 특정 용어들의 사용에 집착하기보다는 보편적 설계 원리를 교수·학습 환경에 어떻게 효과적으로 적용할 것인지, 그리고 이러한 설계 원리가 교육 현장에 어떠한 영향력을 가지는지에 대한 탐색이 필요할 것이다. 구체적으로 특정 교수·학습 영역에서 실제적인 수업 모형이나 구체적인 수업 자료를 개발하면서 보편적 설계 원리의 실효성을 검증해 보는 것이 필요하다. 이를 통해 교육 환경에서 보편적 설계 원리의 영향을 평가하기 위한 근거 자료들을 후속 연구들에서 축적해 나가야 할 것이다.

4. 보편적 설계 원리의 적용 전략 비교

지금까지 제시한 Rose & Mayer(2002)의 UDL, Scott, McGuire, & Shaw(2003)의 UDI, Bowe(2000)의 UDE, 그리고 앞서 언급한 Roh(2004)의 '접근가능한 WBI 개발을 위한 설계 지침'에서 제안하고 있는 보편적 설계 원리 기반의 e-러닝 설계 전략을 추출하여 비교, 분석하면 다음의 <표 13>과 같다.

<표 13>의 내용은 교수·학습 환경에서 보편적 설계 원리를 적용한 전략들을 비교한 것으로서, 보편적 설계의 7가지 원리(Center for Universal Design, 1997)의 틀로 선행연구에서 제시된 전략들을 저자가 재구성한 것이다. UDE에서는 이미 보편적 설계의 7가지

틀로 구분되어 있으나, UDL과 Roh(2004)의 설계 전략은 이에 따라 범주화되어 있지 않아서 저자가 다시 재범주화를 하였다. 그리고 UDI는 보편적 설계의 7가지 원리에 '학습자 공동체(community of learners)'와 '교수적 분위기(instructional climate)'라는 2가지 원리를 더 추가하여 총 9가지 원리를 제안하고 있다. 그런데 이 원리들에서 제시하는 전략들(예: 학생들 간 의사소통 촉진, 다양한 사고의 강조)이 나머지 세 유형의 '사용 시 융통성' 원리의 전략으로서 일부 포함되기 때문에 별도로 추가하지 않았다. 따라서 UDL과 Roh(2004)의 설계 지침은 저자가 보편적 설계의 틀로 다시 범주화하였으며, 나머지 연구들에서는 주요 전략들을 요약하여 다음 <표 13>과 같이 재구성하였다.

<표 13>의 내용을 살펴보면, 4개의 선행연구에서 제시하고 있는 전략들의 차이점을 알 수 있다. 우선, Roh(2004)의 설계 지침은 UDL, UDI, UDE에서 제시하는 전략들과 달리 e-러닝 개발에 필요한 기술적 측면의 설계 지침에 초점이 맞추어져 있다. 화면 설계, 내비게이션, 웹 구조 등에서 장애학생의 접근성을 확보하기 위한 설계 전략에 중점을 두고 있음을 알 수 있다. 이 외에 나머지 보편적 설계의 적용 모델에서 제시하고 있는 전략은 교수자의 학습 내용 제시, 학습자의 상호 작용 방법, 과제 및 그룹 활동 수행 등에 중점을 두고 있음을 발견할 수 있다. 그런데 이 중 Bowe(2000)가 제안하는 UDE의 전략들은 UDL과 UDI보다는 온라인 활동, 원격교육, 전자텍스트의 강조 및 조절, 보조공학의 호환 등에 더 초점이 맞추어져 있고 전략의 내용이 나머지 전략들보다 더 구체적이다. 또한 UDL은 구체적인 설계 전략보다는 교수 과정 및 교재

제작에 적용할 수 있는 일반적인 교수 방법을 제공하고 있으며, UDI는 나머지 전략들보다 대학교육의 수업 상황에 직접적으로 연관을 지어 전략을 제시하고 있음을 알 수 있다.

<표 13> 교수·학습 환경에서 보편적 설계 원리의 적용 전략 비교

보편적 설계원리	UDL (Rose & Mayer, 2002)	UDI (Scott, McGuire & Shaw, 2003)	UDE (Bowe, 2000)	Design Guidelines (Roh, 2004)
1. 공평한 사용	·복합적인 매체와 복합적인 형태의 자료 제공하기	·온라인으로 수업 노트 제공하기 ·보조공학을 사용할 수 있도록 디지털 자료 제공하기	·모든 학생들이 접근 가능한 웹 사이트 제공하기 ·중요한 정보를 구어로만 제시하지 않고, 다른 매체로 정보를 함께 제공하기	·비텍스트 개체는 같은 뜻의 동등한 텍스트 제공하기 ·다양한 브라우저, 보조공학과 호환이 가능하도록 하기 ·청각적 설명 제공하기
2. 사용 시 융통성	·수행 모델을 융통성 있게 제공하기 ·학습 내용과 구조의 선택권 제공하기 ·보상의 선택권 제공하기 ·학습상황의 선택권 제공하기 ·기술 시연을 위한 융통성 있는 기회 제공하기	·다양한 교수 방법(시각적 개요, 그룹 활동, 이야기 사용, 웹 보드 기반의 토론)의 사용하기	·문화에 따라 여러 가지 선택권 제공하기 ·컴퓨터를 사용하여 텍스트 크기나 색상 변경, 텍스트를 음성으로 듣기, 강조기법 사용하기 ·온라인 그룹을 사용하여 학습자들 간의 상호 작용 기회 증가시키기 ·스크린 사이즈 조절하기	·같은 내용에 대해 여러 가지 유형의 자료 제공하기 ·폰트와 프레젠테이션을 조절할 수 있도록 하기 ·학생들이 교육과정과 자료에 상호 작용하고 반응할 수 있는 복합적인 방식 제공하기
3. 단순과 직관성		·시험, 과제, 프로젝트에 대한 기대를 명확하게 제시하기 위해 평가표를 제공하기 ·전반적으로 정확한 정보 제공을 위해강의계획서 사용하기	·이해를 촉진시키기 위해 온라인 사전 제공하기 ·핵심 내용을 강조하는 선행 조직자 제공하기	·제목, 표제는 간결하고 명확하게 제시하기 ·한 페이지에 개체 수를 최소로 하기 ·열리는 윈도우 스크린의 수를 최소로 하기 ·색상의 과도한 사용 피하기

보편적 설계원리	UDL (Rose & Mayer, 2002)	UDI (Scott, McGuire & Shaw, 2003)	UDE (Bowe, 2000)	Design Guidelines (Roh, 2004)
4. 인식 가능한 정보	· 복합적인 예 제시하기 · 정보의 중요한 특징 강조하기 · 배경 지식 및 맥락에 대한 정보 제공하기	· 교과서, 읽기 자료, 다른 교수 지원을 디지털이나 온라인 형식으로 선택할 수 있도록 하기 · 다양한 테크놀로지 지원(스크린 리더, 확대기, 전자사전 등)을 사용하여 자료를 학습할 수 있도록 허용하기	· 동일한 내용에 대해 그림, 텍스트, 음성을 복합적으로 제시하기 · 동영상에 자막 제공하기 · 텍스트 강조기법 사용하기 · 스크린 리더에 의해 읽힐 수 있도록 메뉴에 텍스트 설명 제공하기	· 특징적 정보는 처음 부분에 두기 · 색상의 사용 여부에 상관없이 정보 전달하기 · 문서나 표의 개요에 대한 정보 제공 · 내비게이션 바는 눈에 띄게 만들기 · 콘텐츠를 깜박이게 하지 않기 · 모든 시각적 단서들이 눈에 띄도록 구성하기 · 소리가 있으면 명확한 시각적 단서 제공하기 · 내용과 배경 간의 대조 강화하기
5. 오류에 대한 포용성	· 지속적이고 관련된 피드백 제공하기 · 적절한 목표 수준 제공하기	· 강좌의 프로젝트를 구조화하기 · 학생들이 개별 프로젝트 요소를 분리해서 할 수 있는 선택권 제공하기 · 강의실 수업을 보충할 수 있는 온라인 연습 제공하기	· 키보드를 잘못 누르는 것을 방지하는 장치 사용하기 · 되돌리기, 자동 저장, 오류 수정, 맞춤법 및 문법 교정 프로그램 등을 통해 오류를 방지하기	· 활동에 대한 간략하고 명확한 지침 제공하기 · 사이트의 전반적인 레이아웃에 대한 정보 제공하기 · 시간 제한적 반응이 요구되면, 충분한 시간을 주거나 시간을 조정할 수 있도록 하기
6. 적은 신체적 노력	· 기술 시연을 위한 융통성 있는 기회 제공하기 · 내용과 도구의 선택권 제공하기 · 연습을 지원하는 기회 제공하기	· 보고서를 쓰고 논술시험을 보기 위해 워드 프로세서 사용을 허용하기	· 소그룹 토론의 참여 기회를 증가시키기 위해 원격교육 사용하기	· 반복되는 내비게이션 링크는 건너뛰도록 하기 · 중요한 링크에 키보드 단축키 제공하기
7. 접근과 사용을 위한 크기와 공간		· 소그룹 토론에서는 토론하는 동안 학생들이 토론자의 얼굴을 볼 수 있도록 배치하기	· 손의 사용 능력에 상관없이 버튼이나 스위치를 조작할 수 있도록 만들기	· 내비게이션 버튼 및 링크는 쉽게 선택할 수 있도록 충분히 크게 만들기

이러한 UDL, UDI, UDE와 Roh(2004)의 설계 지침에서 제시하고 있는 교수·학습 상황에서의 보편적 설계 원리의 적용 전략을 토대로 하여 e-러닝 설계 전략을 도출해 볼 수 있다. 우선, 각 선행연구들에서 제시하고 있는 전략들 중에서 시각·청각·지체장애 학생과 직접적으로 관련이 있는 항목들을 분류하고, e-러닝 학습 환경과 관련된 항목들을 추출했다. 이와 같은 절차를 통해 도출된 내용을 공통적 내용으로 전략을 범주화하는 과정을 거쳐 다음 <표 14>와 같은 e-러닝 설계 전략을 제시할 수 있다.

〈표 14〉 보편적 설계 원리의 적용 전략 분석을 통해 도출된 e-러닝 설계 전략

보편적 설계 원리	장애대학생을 위한 e-러닝 설계 전략	
	일반 전략	상세 전략
1. 공평한 사용	시각, 청각 정보에 대한 대안적 형태의 정보 제공	1.1. e-러닝에서 사용되는 이미지(아이콘, 메뉴, 그림, 사진, 도표 등)의 시각적 정보를 설명하는 대체 텍스트(alt-text) 제공하기 1.2. 동영상에서 시각적 정보를 설명하는 화면 설명을 제공하기 1.3. 내레이션, 동영상에서 청각적 정보와 동일한 내용의 자막을 동시에 제공하기 1.4. 시각장애 학생이 보조공학을 사용하여 학습할 수 있도록 텍스트 형태의 학습 자료 제공하기
2. 사용 시 융통성	학습 환경의 조절 및 자료 형태의 선택	2.1. 학습 화면에 제시되는 텍스트의 글자체, 색상, 정보의 크기 등을 학습자가 조정할 수 있도록 하기 2.2. 동일한 학습 내용에 대해 텍스트, 이미지, 인쇄물 등으로 다양한 형태의 학습 자료 제공하기 2.3. 학생이 학습에 참여하고 상호 작용할 수 있는 다양한 방식 제공하기 2.4. 학습 상황, 평가, 구조 등에서 선택권 제공하기
3. 단순과 직관성	단순한 디자인과 간결한 제시 방법	3.1. 학습 내용은 명확히 구분이 가능한 글자체로 간결하고 명확하게 제시하기 3.2. 색상의 과도한 사용 피하기 3.3. 열리는 스크린의 수 최소로 하기 3.4. 한 페이지에 개체 수를 최소로 하기

보편적 설계 원리	장애대학생을 위한 e-러닝 설계 전략	
	일반 전략	상세 전략
4. 인식 가능한 정보	중요한 정보 강조 및 명확한 정보 전달	4.1. 학습 정보의 중요한 특징을 강조기법을 사용하여 강조하기 4.2. 학습 내용에 대해 중요한 정보와 개요 정보를 처음 부분에 두기 4.3. 내용과 배경 간의 대조를 강화하여 학습 내용을 정확하게 구분할 수 있도록 하기 4.4. 중요한 시각적 단서들은 눈에 잘 띄도록 배치하기 4.5. 색상의 사용 여부에 상관없이 정보를 전달할 수 있도록 하기
5. 오류에 대한 포용성	학습 지침 및 단서의 안내	5.1. 학습 진행 및 보조공학에 대해 간략하고 명확한 지침 제공하기 5.2. 청각적, 시각적 단서가 있음을 명확하게 알려주기 5.3. 시간 제한적 반응이 요구되면, 시간을 조정할 수 있도록 하기
6. 적은 신체적 노력	학습 진행 및 참여 방법의 다양성	6.1. 학습 참여, 평가 방법의 선택권 제공하기 6.2. 키보드 단축키로 모든 기능을 사용할 수 있도록 하기 6.3. 반복적인 내비게이션은 생략하고 직접 원하는 곳으로 이동할 수 있도록 하기
7. 접근과 사용을 위한 크기와 공간	쉽게 선택 가능한 크기와 모양	7.1. 내비게이션 버튼 및 링크는 쉽게 선택할 수 있도록 충분히 크게 만들기 7.2. 내비게이션 메뉴는 눈에 쉽게 띄는 색과 모양으로 만들기

e－러닝에서 보편적 설계 원리의 적용 사례

본 장에서는 보편적 설계의 적용 전략 분석을 통해 도출된 e-러닝 설계 전략을 구체적으로 e-러닝 개발 과정에 적용하는 사례를 제시하였다. 일반적으로 e－러닝 프로그램 개발의 기본 과정은 분석(analysis), 설계(design), 개발(development), 실행(implement), 평가(evaluation)의 5단계로 구성된다(조미헌 외, 2004). 실제적이고 효과적인 e－러닝 프로그램을 개발하기 위해서는 일정한 환경에서 분석, 설계, 개발, 실행, 평가의 반복적 과정을 거쳐야 하며, 이러한 개발 과정을 통해 실제 활용될 수 있는 효과적인 e－러닝 설계 전략을 도출할 수 있다. 본 장에서는 보편적 설계 원리 기반의 e－러닝 설계 전략을 반영해서 분석, 설계, 개발 과정이 이루어지는 절차를 제시하였다.

1. e-러닝 개발을 위한 분석

분석은 학습과 관련된 요인들을 분석하는 단계로서, 이 단계에서는 요구분석, 학습 내용 분석, 학습자 분석, 학습 환경 분석이 이루어진다. 보편적 설계 원리의 적용 사례를 위해 선정된 강좌는 대학의 '교육학' 강좌로서, e-러닝 프로그램의 강좌 제목은 '현대 사회와 지능'으로 정하였다. 이것은 일반적인 인문사회과학의 보편적 성격을 가지고 있기 때문에 학습 내용의 특수성이 사례 적용에 미칠 수 있는 영향이 적을 것으로 여겨져 선정된 것이다. 그리고 본 사례는 보편적 설계 원리의 적용을 위해 시각·청각·지체장애 학생이 수강하는 일반적인 대학 강좌로 규정하고 분석 과정을 실시하였다. e-러닝 프로그램 개발을 위해 수행한 분석 내용은 다음과 같았다.

1) 요구분석

요구분석을 위해서 현재 같은 주제를 교육학 수업에서 강의하고 있는 교수, 해당 과목을 수강한 학생들과 개별 면담을 실시하였다. 요구분석 단계에서는 전반적인 강좌의 특성, 현재 수업을 수강하고 있는 학생들의 특성과 학습 수준, 학생들의 동기화 요소 등에 대해서 질문하였다. 그리고 기존의 강좌에서 교수 자료로 개발된 멀티미디어, 사진, 그림 자료 등에는 어떤 것들이 있는지를 조사하였다.

본 사례의 요구분석 결과는 다음 표와 같았다.

〈표 15〉 요구분석 결과

구 분	분석 결과
강좌의 특성	매학기 50명 내외의 학생들이 수강하는 교육학 강좌
	강의실에서 학생들 간의 상호 작용은 적으며 주로 교수가 강의를 하거나 학생들이 특정 주제에 대해서 발표를 하는 형식으로 이루어진다.
수강 학생들의 특성	'교육학'에 관심이 있는 사범대 계열의 학생들이 주로 수강한다.
	멀티미디어 자료에 흥미를 가진다.
	이론을 이해하기 쉽게 도식화하거나 구조화된 내용 제시와 관련된 사례 제시를 선호한다.
기개발된 학습 자료/프로그램	주로 시판되고 있는 교재 위주로 수업이 진행되며 텍스트 형식의 글을 많이 사용한다.
	관련된 그림이나 사진, 멀티미디어 자료들의 개발이 부족한 상황이다.

2) 학습 내용 분석

학습 내용 분석 단계에서는 선정된 내용의 심층적 분석과 관련 자료 수집이 이루어진다. 우선, 본 강좌의 학습목표는 현대에 변화된 지능의 개념과 다양한 지능 이론들을 통해서 지능의 개념에 대해 비판적이고 창의적인 사고를 가지도록 하는 것이다. 그리고 지능에 대한 다양한 관점과 이론을 고찰함으로써, 지능의 개념과 지능검사가 미치는 교육적 함의를 재정의하는 능력을 함양시키는 것을 목적으로 하였다.

학습 내용 분석을 위해, 세부적인 학습 주제를 선정하고 각 주제와 관련된 학습 영역을 세분화하였다. 본 사례에서의 학습 내용은 다음 [그림 1]과 같이 분석되었다.

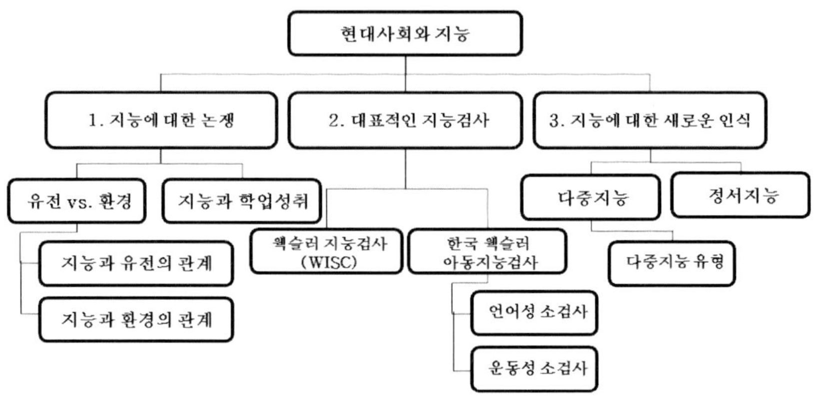

[그림 1] 학습 내용 분석 결과

3) 학습자 분석

학습자 분석은 실제 e - 러닝을 학습하게 되는 학습자들을 대상으로 이루어져야 한다. 본 사례에서는 본 강좌를 수강하는 대학생들과 시각·청각·지체장애 대학생들의 면담 결과를 반영하였다. 학습자 분석 결과는 다음의 <표 16>과 같다.

〈표 16〉 학습자 분석 결과

구 분	분석 결과
일반적 특성	주로 사범대 계열을 전공하는 저학년 대학생들이다.
	시각장애 학생은 수업 때 사용하는 교재나 학습 자료 파일을 교수로부터 부분적으로 제공받으며, 이것을 노트북으로 확대해서 보거나 점자로 번역하여 학습한다.
	청각장애 학생은 수업에 대필도우미 학생이 함께 들어가서 수업내용을 그대로 노트북에 쳐 주고 있으며, 이를 통해 강의를 학습한다.
	지체장애 학생들은 수업 중에 노트 필기를 하는 것이 불편해서 주로 친구들의 노트 필기를 빌려서 공부를 한다.

구 분	분석 결과
학습능력/ 선수학습 정도	기본적으로 교육학 개론 과목을 이미 수강한 저학년 학생들이나, 지능이론과 관련된 선수 과목은 대부분 수강하지 않았다.
	유전과 환경에 대한 논쟁에 대해서는 교육학 개론 강좌에서 학습을 하였으나, 지능검사의 구체적인 검사 항목, 검사 종류에 대해서는 이전에 학습한 경험이 없다.
	실제 지능검사 도구를 살펴보고, 다른 학생에게 실제로 지능검사를 실시해 본 경험이 없다.
선호도/ 동기요소	이전에 배우지 못한 개념이나 이론에 대해 교수의 강의를 통해 학습하는 방식을 선호한다.
	학생들 간의 상호 작용보다는 교수에게 피드백을 자주 받는 것을 선호한다.
	학습 내용을 텍스트로 제시하는 것보다 동영상 자료나 다양한 사진, 그림 자료를 함께 제공하는 것이 학생들을 더 동기화시킨다.

4) 학습 환경 분석

학습 환경 분석은 개발한 e-러닝 프로그램을 활용할 대상자의 학습 환경 특성을 미리 조사하는 것이다. 최신의 컴퓨터 성능과 최신기술을 이용하여 개발하여도 그 프로그램을 활용할 대상자의 학습 환경이 이에 적합하지 못하다면, 그 성능과 교육적 효과가 제대로 발휘되기 어렵다. 본 사례에서는 학습 환경 분석을 위해서 강좌를 수강하는 대학생들과 시각·청각·지체장애 대학생들의 면담 결과를 반영하였다. 학습 환경 분석의 결과는 다음 <표 17>과 같다.

〈표 17〉 학습 환경 분석 결과

구 분	분석 결과
학생들이 사용하는 하드웨어	대부분이 학생들이 사용하는 윈도우 체제는 윈도우 XP이다.
	집 또는 학교에서 초고속 인터넷 환경(50~100Mbps)의 하드웨어를 통해 인터넷을 사용한다.
	학교에 주로 보급되어 있는 컴퓨터 사양은 펜티엄4 2G Hz 수준이다. 학생들이 집에서 보유하고 있는 컴퓨터 사양도 대체로 비슷하다.

구 분	분석 결과
장애학생이 사용하는 보조공학 소프트웨어	시각장애(전맹) 학생들이 사용하는 스크린 리더(Screen Reader) 소프트웨어는 주로 Sense Reader로서, 이 소프트웨어는 flash 파일, PDF 파일, alt‒text 없는 이미지 파일은 읽어 주지 못한다.
	저시력 장애 학생들이 주로 사용하는 화면 확대 소프트웨어는 Zoom Text이다. 대부분 모니터에 제시된 내용을 원하는 만큼 확대해서 보여주지만, 해상도가 낮을 경우 확대해도 내용 구분이 어려운 경우가 있다.
	저시력 장애 학생이나 지체장애(상지장애) 학생의 경우 윈도우 환경에서 '내게 필요한 옵션'에서 텍스트 확대, 돋보기 사용, 마우스 대신 키보드 사용으로 입력방식을 조정해서 인터넷을 사용한다.
기타 환경적 특성	학생들의 컴퓨터 사용 환경은 주로 학교나 집에서 초고속 인터넷을 사용하거나 개인 노트북으로 무선인터넷을 사용한다.
	그래픽 카드의 사양은 사용하는 컴퓨터마다 조금씩 차이가 있으나, 인터넷 환경에서 제공되는 일반적인 그래픽 자료를 확인하는 것에서는 불편함이 없다.
	동영상 재생의 경우는 코덱(codec) 프로그램이 설치되지 않은 경우 영상 파일이 재생되지 않는 경우가 있고, 대용량 영상 파일의 경우는 사양에 따라 버퍼링(buffering) 시간이 지연되거나 오류가 발생하기도 한다.
	컴퓨터에 Word, PDF, 한글 프로그램이 설치되어 있지 않은 경우에 해당 문서 파일을 확인할 수 없다.

2. e‒러닝 설계 및 개발

e‒러닝 프로그램 설계 단계는 조미헌 외(2004)에서 제시하고 있는 콘텐츠 설계 단계를 토대로 다음과 같이 진행되었다.

1) 학습 내용 구조 및 전개 방법 선정

현재 e‒러닝으로 개발하고자 하는 강좌의 특성, 개발할 학습 내용의 특성과 분석된 세부 내용의 양, 특정 학습자 및 학습 환경 등을 고려해서 가장 적절한 e‒러닝 프로그램 구조를 선정하도록 하였다.

우선, 본 학습 내용은 새로운 개념이나 지식을 가르치고자 할 때 가장 많이 사용되는 유형인 개인교수(tutorial) 유형으로 진행하도록 결정하였다. 그 이유는 지능의 개념과 새로운 이론에 대한 내용 제시가 주로 이루어지게 되며, 교수 내용의 대부분이 언어 정보나 지적인 기술 영역이기 때문에 개인교수 유형이 적절하다고 판단되었다.

학습 내용 분석 결과와 학습 목표를 고려하여 프로그램의 구체적인 내용 구조를 결정했다. 그리고 학습의 흐름 속에서 도입, 전개, 정리의 단계별로 어떤 교수, 학습 방법을 도입할 것인지에 대해 결정했다. 세부 전개 방법을 선정할 때에는 내용 전문가와 교수 설계자가 참여하여 회의를 거쳐 다음과 같은 내용구조 및 내용 전개 방법을 결정하였다.

<표 18> e-러닝 프로그램의 내용 전개 방법

지식유형		개념학습과 원리학습
교수-학습활동유형		개인교수(tutorial) 유형
1. 도입	강좌소개	강의를 이끌어 가는 교수자의 인사말과 강좌에 대한 개괄적 소개를 동영상으로 제시하기, 도움말 제시
	학습목표 제시	학습목표를 학생들이 이해하기 쉽게 텍스트와 음성으로 제시하기
	에피소드 제시	학습자의 주의를 집중시키기 위해서 동영상 자료 제시. 다양한 배경(중학생, 고등학생, 대학생, 교수, 직장인, 교사 등)의 사람들과의 인터뷰 내용을 에피소드 형태로 제시하여 흥미 유발. (동영상의 질문 내용) · 질문1: 지능이 무엇이라고 생각하십니까? · 질문2: 지능검사를 받아 본 적이 있으신가요? · 질문3: 지능검사 점수가 본인의 지능을 타당하게 설명한다고 보십니까? · 질문4: 지능이 자신의 성취도에 영향을 미치는 비중은 어느 정도라고 보십니까?

2. 전개	주제 1) - 개념 설명 - 사례 및 관련 　연구 제시 - 그림 및 도식 　화 제시 - 학습자의견 제출	1) 지능에 대한 논쟁 ① 유전과 환경 - 유전과 환경의 영향에 대한 대표적 사례 제시 - 지능과 유전의 관계에 대한 가계조사표 제시 - 지능과 환경에 대한 실제 늑대 소녀의 사례와 연구결과 제시 ② 지능과 학업성취 - 학업성취에 영향을 미치는 지능 외의 요인들의 상관관계에 대한 연 　구 결과 제시 - 지능과 학업성취의 관계에 대한 도식화 그림 제시 ③ 학습자 의견 제출 - 지능이 유전이나 환경에 어느 정도 영향을 받는지에 대한 자신의 　의견 제출하기
	주제 2) - 개념 설명, - 실제 사진 자 　료 제시 - 예 제시	2) 대표적인 지능검사 ① 웩슬러 지능검사 - 웩슬러 지능검사에 대한 개관, 특징 소개 ② 한국웩슬아동지능검사 - 한국웩슬러검사에 대한 개관, 특징 소개 - 동작성 소검사에 대한 소개, 사진 자료 제시 - 언어성 소검사에 대한 소개, 문항의 예 제시
	주제 3) - 개념 설명 - 이론적용례에 　대한 도식화 - 이론의 시사점 　설명	3) 지능에 대한 새로운 인식 - 기존 지능의 개념과 지능검사에 대한 비판점 설명 ① 다중지능 - 다중지능 이론의 개념 설명 - 다중지능의 유형, 예 설명, 도식화 그림 제시 ② 정서지능 - 정서지능의 정의, 개념 설명 - 다양한 지능 이론의 시사점 설명
3. 심화	사례 제시	그림과 내레이션으로 사례 제시 - 지능검사 후 낮은 검사점수로 인해 장래 희망에 대해 고민하는 학생 사 　례를 그림으로 제시
	학습자 의견 작성하기	학생의 고민에 대해 교사로서의 조언과 상담 내용에 대해 의견 작성하 여 제출하기
4. 평가	객관식 문제 풀기	문제 1) 제시, 힌트 보기, 정답 확인
		문제 2) 제시, 힌트 보기, 정답 확인
		문제 3) 제시, 힌트 보기, 정답 확인
5. 정리	정리 및 요약	강의를 이끌어 가는 교수자의 정리와 강좌 요약, 목표 달성에 대한 설명을 동영상으로 제시하기
	보충	강의 자료와 자막 파일 제공

e - 러닝 프로그램이 어떻게 진행되는가를 쉽게 파악할 수 있도록 학습 흐름도를 제시하면 다음 그림과 같다.

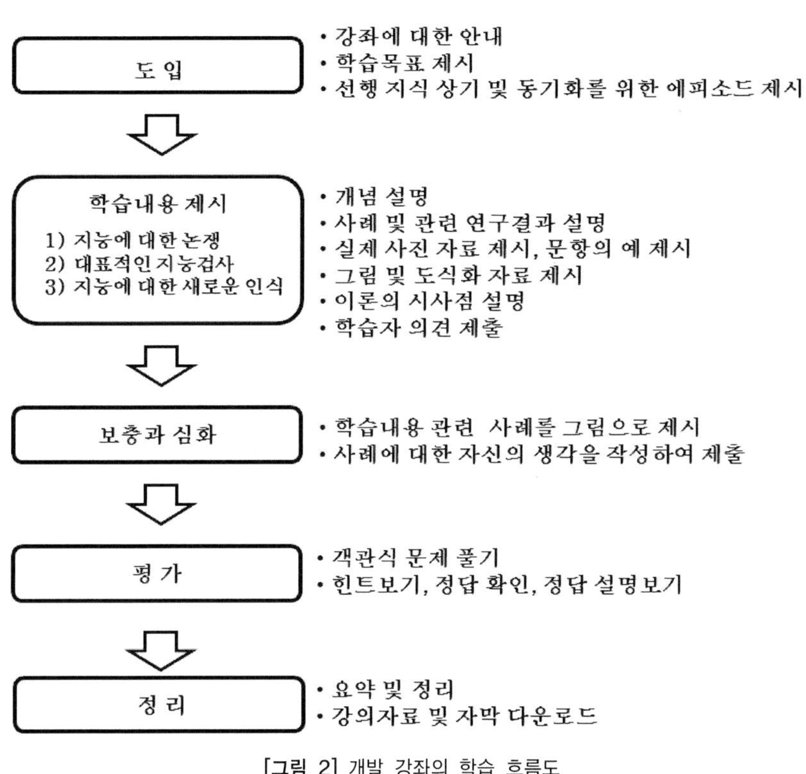

[그림 2] 개발 강좌의 학습 흐름도

2) e - 러닝 프로그램 설계 및 개발

e - 러닝 프로그램을 구체적으로 설계하기 위해 학습 내용 및 전개 방법을 바탕으로 구체적인 화면 설계안을 작성하는 인쇄물 형태의 스토리보드(storyboard) 작업을 수행했다. 그리고 실제 프로그

래밍을 통한 개발에 들어가기 전에 화면 디자인 작업까지 실시하는 프로토타입(prototype)을 제작하였다.

이 단계에서는 보편적 설계 원리 기반의 e-러닝 설계 전략을 구체적으로 구현하는 데 초점이 맞추어졌으며, 인터페이스, 내비게이션, 상호작용 설계 등의 화면 설계가 이루어졌다. 본 단계에서는 설계 원리를 구체적으로 적용하였으며, 어떤 설계 지침에 근거해 e-러닝 프로그램에 적용된 것인지를 구체적으로 명시하였다. Reigeluth(1989)는 연구의 타당성을 높이기 위해 연구 대상이 되는 교수 설계 이론만을 바탕으로 교수 프로그램을 설계하고 개발해야 한다고 제시했다. 그리고 임철일(1995)도 교수 프로그램을 개발할 때 어떠한 방식으로 해당 교수 설계 이론을 적용할 것인가를 분명히 해야 한다고 지적했다. 따라서 개발 이후의 평가 과정에서 자료 수집과 분석의 타당성을 높이기 위해 설계 전략과 화면 설계 요소들의 연관성을 명확히 명시하였다.

본 장에서는 선행연구들(임철일, 2003; 조미헌 외, 2004)에 근거해서 e-러닝 프로그램의 설계 단계를 '공통화면 설계'와 '화면 단위 스토리보드 설계'의 두 가지로 구분하여 다음과 같이 단계별로 제시하였다. 우선, 공통화면 설계 단계는 반복되는 화면 작성 작업을 간략화하고 화면들 간의 일관성을 유지하기 위하여 설계하는 것으로서, 화면의 구성 요소 선정, 배치 및 설계, 레이아웃 설계 등이 이에 해당된다. 그리고 화면 단위 스토리보드 설계는 학습 단계별로 제시되는 각 화면들의 텍스트, 그래픽, 멀티미디어, 음향 등의 설계를 실시하는 것이다.

(1) 공통화면 설계 단계

① 화면의 구성 요소 선정

화면의 구성 요소 선정 단계에서는 공통화면의 구성 요소들을 결정하는 것이다. 본 e - 러닝 프로그램에서 공통화면의 구성 요소는 다음 [그림 3]과 같이 구성하였고, 학습 내용 화면의 단계별 구성 요소는 개인교수형 내용 전개의 순서대로 구성하였다.

우선, 시각장애 학생들이 프로그램의 전체적 윤곽을 쉽게 파악하고 원하는 메뉴를 쉽게 선택할 수 있도록 구성한 학습목차를 제시하도록 했다. 그리고 저시력 장애 학생이 화면에 제시되는 텍스트를 자신이 가장 잘 보이는 설정으로 바꾸어서 학습할 수 있도록 글자 크기, 글자색, 배경색의 설정을 조절할 수 있도록 하는 메뉴를 구성하였다. 또한 청각장애 학생이 학습을 이끌어 가는 내레이션의 음성 정보를 보면서 학습할 수 있도록 자막을 동시에 제공하였으며, 자막을 통해 음성정보를 대체할 수 있으므로 내레이션을 쉽게 끌 수 있도록 음성 끄기 기능을 추가했다. 이 외에 장애학생들이 쉽게 프로그램을 조작할 수 있도록 하는 도움말과 원활한 상호 작용을 돕는 게시판과 이메일, 장애학생들의 보충학습을 돕는 다양한 형태의 학습 자료 다운로드 기능 등을 추가하여 전체 프로그램의 구성 요소를 선정하였다.

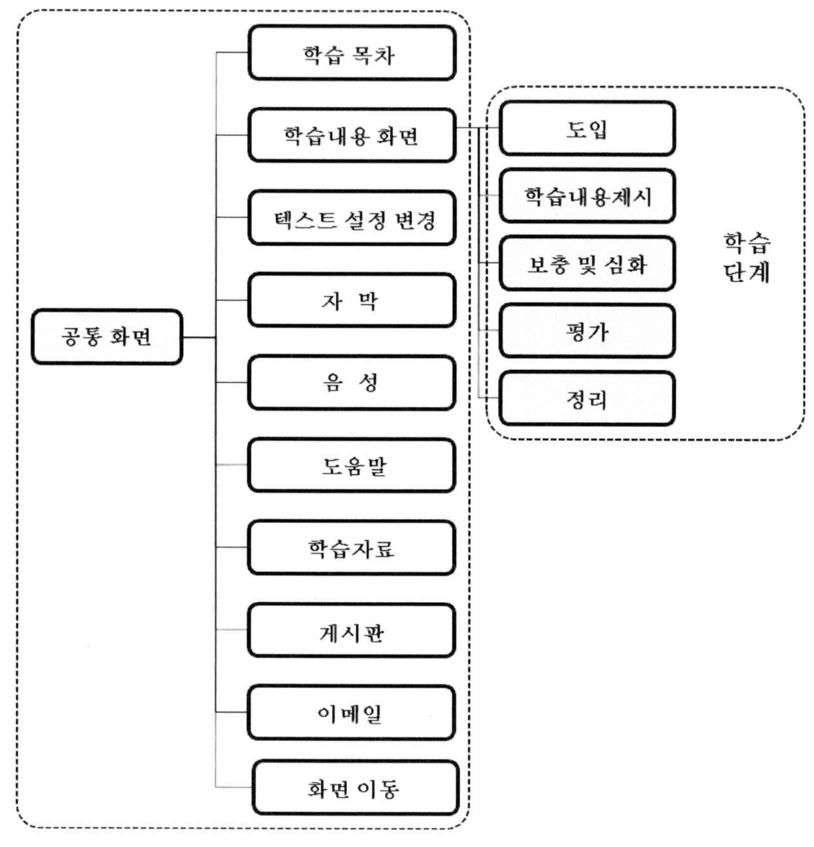

[그림 3] e-러닝 프로그램의 구성 요소 선정

② 구성 요소 설계 및 배치

본 단계에서는 e-러닝 프로그램의 공통화면 구성 요소들을 어떤 위치에 어떠한 형태로 제시할 것인지를 다음과 같이 결정하였다.

◎ 학습목차

시각장애 학생들이 프로그램의 전체적인 윤곽을 쉽게 파악하고 원하는 메뉴를 쉽게 선택할 수 있도록 하고 지체장애 학생들도 반

82

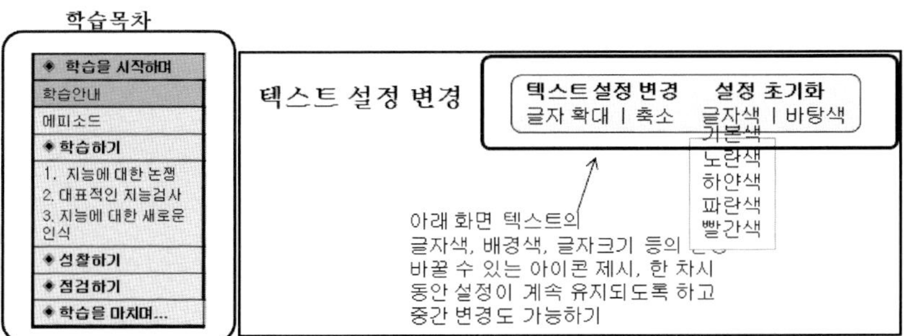

[그림 4] 학습목차   [그림 5] 텍스트 설정 변경 요소의 구성

복적인 조작을 피하고 직접 원하는 학습 내용으로 이동할 수 있도록 학습 내용의 목차를 제시하는 것이 필요하다. 본 프로그램에서는 다음 [그림 4]와 같이 학습 화면 좌측에 목차를 계속 제공해서 언제든지 전체 내용 구조를 파악하고 자신의 위치를 확인할 수 있어 e - 러닝 환경에서 길을 잃지 않도록 하였다. 현재 학습하고 있는 내용이 전체에서 어느 부분에 위치한 것인지를 저시력 장애 학생들도 쉽게 파악할 수 있도록 현재 학습 부분을 다른 색상과 모양으로 명확하게 구분하여 제시하도록 했다. 또한 스크린 리더를 사용하는 시각장애 학생들도 목차 내용을 음성으로 읽을 수 있도록 텍스트 파일로 구성하였으며, 부득이 이미지 파일을 사용하는 경우에는 반드시 대체 텍스트(alt - text)를 제공해서 스크린 리더로 읽힐 수 있도록 했다.

◎ 텍스트 설정 변경 요소

저시력 장애 학생들이 학습 내용의 텍스트를 자신이 가장 잘 보이는 크기와 색상, 배경색으로 변경해서 학습할 수 있도록 텍스트 설정을 선택할 수 있는 메뉴를 위의 [그림 5]와 같이 구성하였다. 텍스트 크기는 글자 확대와 축소를 누르면 한 단계씩 커지거나 작아지도록 하였으며, 다시 기본 텍스트로 변경할 수 있도록 하는 초기화 기능을 추가했다. 그리고 색상은 저시력 장애 학생들 2명과의 면담을 통해서 가장 많이 쓰이는 5가지 색상 정도로 구성하였다.

◎ 자막 제시 요소

본 프로그램에서는 내레이션의 제시 속도에 맞춰서 자동적으로 자막이 제시될 수 있도록 했으며, 학습 내용 위에 겹쳐서 제시하면 시각 정보를 가리게 되므로 학습 내용 부분과 분리해서 자막 공간을 만들었다. 또한 학습 내용과 자막의 거리를 너무 떨어뜨려서 제시하게 되면 시선이 두 군데로 분리되므로 학습 내용과 가까운 위치에 일관되게 자막을 제시하였다. 그리고 '자막 보기' 아이콘을 만들어서 자막을 보기 원하지 않는 학생들을 위해서 자막을 선택할 수 있도록 했고, 자막을 보면서 학습하기에 편하도록 단순한 글씨체로 2~3줄씩 눈에 잘 보이는 곳에 제시하였다.

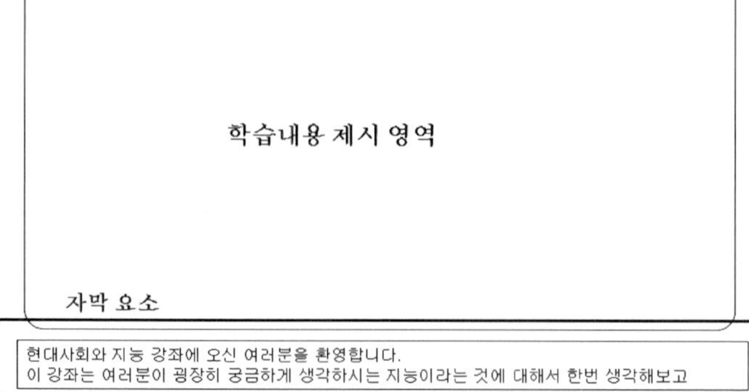

[그림 6] 자막의 배치 및 구성

◎ 음성 조절 요소

청각장애 학생들은 자막을 통해서 음성정보를 볼 수 있으므로 내레이션을 끌 수 있도록 했다. 그리고 스크린 리더를 사용하는 시각장애 학생의 경우 처음에 스크린 리더의 음성 안내와 내레이션이 동시에 산출되어 혼란을 줄 수 있으므로 일시적으로 음성을 꺼서 스크린 리더의 음성을 들으며 전체적인 구조를 파악할 수 있도록 했다. 또한 장애학생 외에도 일부 학생들은 청각적 정보보다 시각적으로 정보를 제공하는 것을 더 선호할 수 있으므로 이러한 경우에 정보가 중복되어 정보의 부하가 일어나지 않게 청각적 정보를 일시적으로 없앨 수 있도록 음성 끄기 메뉴를 구성했다.

◎ 학습 자료 다운로드

e-러닝 프로그램은 매번 인터넷 사이트에 접속해서 강좌를 다시 들을 수도 있지만 강의 자료를 파일로 저장하거나 인쇄해서 나중에 볼 수 있다는 장점을 가진다. 특히, 시각장애 학생들은 단순히 인쇄물로만 제공하게 되면 점자로 변역하거나 음성으로 변환해서 다시 공부하는 것이 불가능하므로 디지털 파일로 학습 자료를 다운로드할 수 있어야 한다. 그리고 청각장애 학생들도 필기 능력이 부족하므로 별도로 다운로드하거나 인쇄할 수 있도록 해서 학습 자료를 다시 복습할 수 있도록 하는 것이 중요하다. 학습 자료를 다운로드하도록 할 때에 시각장애 학생들이 스크린 리더로 음성으로 변환하거나 점자로 변환할 수 있도록 텍스트 파일 및 한글 파일과 같이 다양한 형식의 파일을 제공하도록 했다.

◎ 도움말 구성

본 강좌에서는 장애학생들을 위한 텍스트 설정이나 자막, 단축키 등에 대해 기능 및 사용법을 정확하게 설명해 주는 도움말을 제시하였다.

◎ 아이콘과 메뉴 설계

각종 아이콘과 메뉴, 링크가 이미지 파일로 이루어져 있는 경우 시각장애 학생이 스크린 리더를 통해 음성으로 인식할 수 없으므로, 가능한 한 텍스트로 구성하거나 이미지 파일에 해당 기능을 설명하는 대체 텍스트를 제시하였다. 그리고 중요한 내비게이션 바는 저시력 장애 학생과 지체장애 학생이 쉽게 찾아서 선택할 수 있도록 눈에 띄는 색상과 모양으로 충분히 크게 구성하였으며, 메뉴와 아이콘들 사이의 간격을 너무 좁히면 잘못 선택할 가능성이 높으므로 메뉴 사이의 간격을 충분히 제공했다. 또한 저시력 학생이 메뉴들을 쉽게 구분할 수 있도록 텍스트와 관련 이미지를 함께 사용하여 아이콘을 제작하도록 하였다.

③ 레이아웃 설계

공통화면의 레이아웃을 설계할 때에는 각 화면의 구성 요소가 명확히 구별되도록 하고 단순성, 일관성, 상징성, 심미성, 공간성 등을 고려해야 한다. 특히 내용의 기능에 따라서 영역을 구분하여 제시하며 지나친 경계선의 사용을 피하고 학습자의 시선이 좌측에

[그림 7] 메뉴의 구성

서 우측으로, 상단에서 하단으로 이동함을 고려하여 영역과 내용을 적절히 배치해야 한다.

본 e-러닝 프로그램의 레이아웃은 일반적으로 개인교수형 e-러닝 프로그램에서 사용되는 레이아웃 유형을 반영하여 다음 [그림 8]과 같이 구성하였다.

레이아웃을 결정한 후에 프로그램의 각 구성 요소들을 스토리보드에 배치하고 전체적인 디자인을 결정할 때, 저시력 장애 학생과 색맹/색약 학생은 복잡한 배경 화면에서 중요한 정보를 찾는 것이 어려우므로, 배경 이미지와 배경 색상은 단순하게 구성하였다.

④ 내비게이션 설계

내비게이션은 e-러닝 프로그램의 학습 흐름도에 근거하여 설계

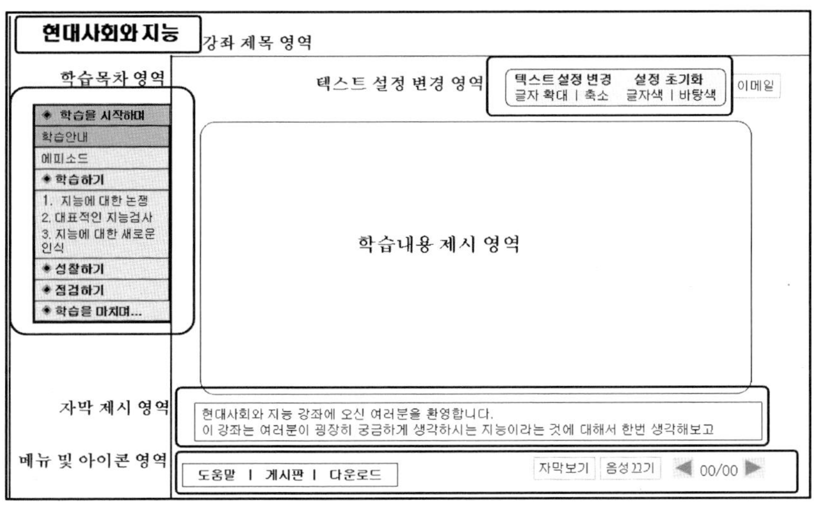

[그림 8] e-러닝 프로그램의 레이아웃 설계

되었는데, 시각장애와 지체장애 학생이 키보드만으로 메뉴들을 쉽게 이동하고 선택할 수 있도록 간단한 내비게이션 구조로 구성했다. 우선, 손의 정교한 움직임이 불편한 지체장애(상지장애) 학생과 시각장애 학생은 마우스를 사용하는 것이 어려우므로, 키보드 또는 단축키를 사용해서 내비게이션을 할 수 있도록 설계해야 한다. 이에 프로그램 사용에 필요한 모든 메뉴 선택과 아이콘 선택을 키보드의 탭(Tab)키나 단축키를 이용해서 이동과 선택이 가능하도록 설계하였다. 본 프로그램의 단축키 구성은 다음 <표 19>와 같다.

위와 같은 공통화면 설계 단계에 의해 최종적으로 만들어진 스토리보드(storyboard)와 이를 근거로 디자인 작업을 완료한 프로토타입(prototype) 화면은 다음의 [그림 9], [그림 10]과 같다.

---

1) 이동 단축키
　메뉴/텍스트 간 이동: 탭키(Tab)
　역순 이동: 쉬프트키(Shift) + 탭키(Tab)
　이전 화면: B　　　다음 화면: N　　　학습 화면 바로가기: F
2) 메뉴 단축키
　도움말: H　　　다운로드: D 자막 보기: S　　　음성 끄기: V
3) 기능성 단축키
　글자 크게: L　　　글자 작게: M
　글자색 변경: C　　　바탕색 변경: G
　글자 초기화: I　　　라디오 버튼 사용: Alt + 숫자

〈표 19〉 e-러닝 프로그램의 단축키 구성

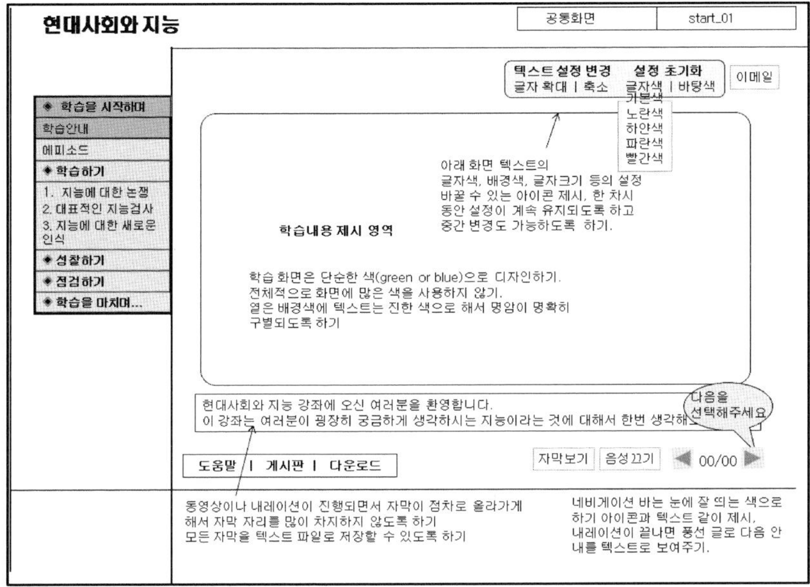

[그림 9] e - 러닝 공통화면의 스토리보드 화면

[그림 10] e - 러닝 공통화면의 프로토타입 화면

(2) 학습 단계별 e - 러닝 프로그램 설계

e - 러닝 프로그램의 공통화면을 설계한 후, 각 교수 단계별로 스토리보드와 프로토타입을 작성하는 과정이 이루어졌다. 이 단계에서는 구체적으로 학습 내용 제시 방법, 평가 방식, 피드백 방식, 사례 제시 방법 등이 설계되었으며, 학습 단계별로 제시되는 각 화면들의 텍스트, 그래픽, 멀티미디어, 음향 등의 설계가 이루어졌다.

스토리보드는 공통화면 설계에서 제시된 것과 같이 파워포인트 (PowerPoint) 프로그램을 이용해서 설계 요소들을 구체적으로 설명한 인쇄물 형태로 이루어졌다. 그리고 프로토타입은 실제 개발하게 될 학습단계별 e - 러닝 프로그램 화면의 디자인 작업을 실시하여 이미지 파일로 완성하였다.

학습단계별 화면의 설계 단계에서는 공통화면과 마찬가지로 보편적 설계 원리의 e - 러닝 설계 전략을 중점적으로 적용하였다. 각 화면마다 시각장애 학생들의 혼란을 줄이기 위해 메뉴 및 아이콘의 위치와 레이아웃을 항상 일관성 있게 유지했다. 그리고 학습 내용 화면의 단계별 구성 요소는 개인교수형 내용 전개의 순서대로 구성하였다. 각 학습단계별로 제작된 화면을 예로 제시하면 다음과 같다.

① 도입 단계: '학습을 시작하며'
본 e - 러닝 프로그램에서 도입 단계의 명칭은 '학습을 시작하며'로 정하였으며, 이 단계에서는 다음 [그림 11]과 같이 콘텐츠의 제목과 학습목표가 텍스트로 제시되었다. 이때 제목이 이미지 파일로 이루어져 있어서 시각장애 학생들이 읽을 수 있도록 대체 텍스트

(alt text)를 제공하였다. 또한 장애학생들이 쉽게 프로그램을 사용할 수 있도록 단축키 및 메뉴 사용에 대해 도움말을 제시하였으며, 이것에 대해 도입부에서 텍스트로 제시하고 내레이션으로도 설명하였다.

학습의 도입 단계에서 선수학습 상기와 학습자의 동기유발을 위해 동영상으로 구성한 에피소드를 사용하였는데, 이러한 경우 시각장애 학생을 위해서 화면 설명을 제공하고 전체 화면으로 확대해서 볼 수 있도록 하였다.

② 학습 내용 제시 단계: '학습하기'
e-러닝 프로그램의 학습 내용 제시 단계는 '학습하기'라는 명칭을 메뉴명으로 사용하였으며, 개념 설명과 사례 제시, 관련 사진

[그림 11] 도입 단계의 동영상 제시 화면

및 그림 자료 제시 등이 주로 이루어졌다.

　◎ 텍스트 제시

　개념을 설명하기 위해 텍스트를 제시하는 부분에서는 색상으로
만 텍스트 내용을 구분하거나 전달하지 않고 크기나 모양을 함께
변화시켜서 제시하였다. 그리고 저시력 장애 학생들이 텍스트 내용
을 쉽게 읽을 수 있도록 단순한 글씨체를 사용하였으며, 텍스트를
정확하게 구분할 수 있도록 배경과 내용이 충분히 대비가 이루어
지도록 구성하였다. 무엇보다 저시력 시각장애 학생들이 학습 내용
의 텍스트를 자신이 가장 잘 보이는 크기와 색상, 배경색으로 변
경해서 학습할 수 있도록 텍스트 설정을 선택할 수 있도록 하였다.

[그림 12] 텍스트 설정 변경 기능

그리고 이러한 설정은 한 강좌에서 계속 유지되고 다음에 다시 로 그인해서 들어와도 해당 텍스트 설정이 기억이 되어 자동적으로 처리되도록 하였다.

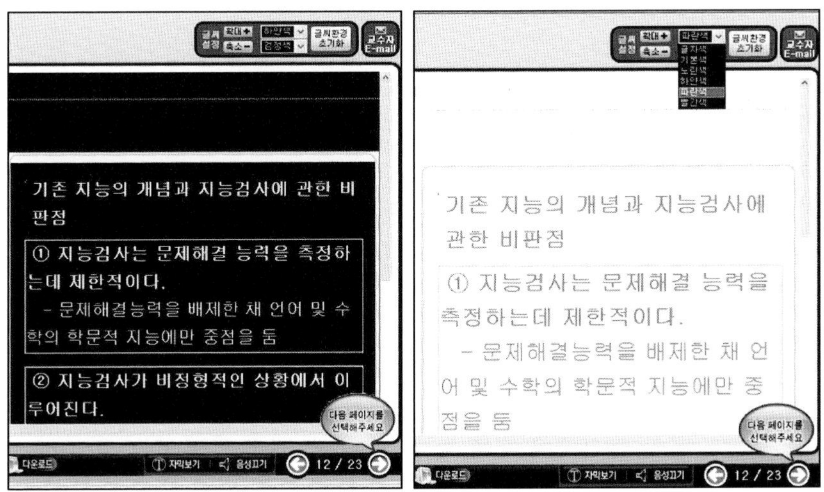

[그림 13] 텍스트의 배경색과 크기가 변경된 예 [그림 14] 텍스트의 글자색과 크기가 변경된 예

◎ 표 및 그래프 제시

표 또는 그래프를 제시할 때에는 저시력 학생들이 화면을 확대해서 내용을 학습하는 경우 한 번에 표나 그래프의 일부만을 볼 수 있고, 스크린 리더를 사용하는 전맹 시각장애 학생의 경우에도 표나 그래프의 내용을 읽는 것이 어렵다. 따라서 학습 내용을 시작하기 전에 먼저 간략한 개요 정보를 텍스트로 제공하고 내레이션으로 표나 그래프에 대한 자료를 구체적으로 설명했다.

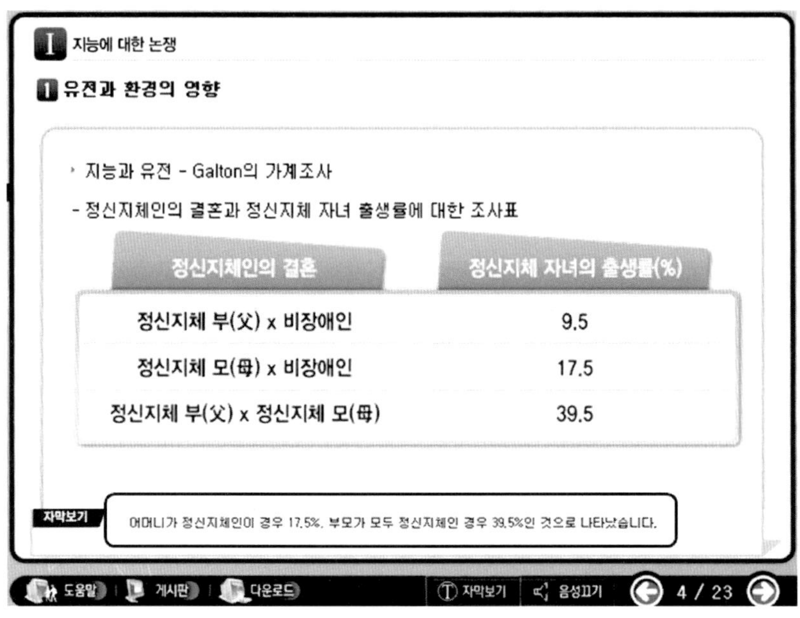

정신지체인의 결혼	정신지체 자녀의 출생률(%)
정신지체 부(父) x 비장애인	9.5
정신지체 모(母) x 비장애인	17.5
정신지체 부(父) x 정신지체 모(母)	39.5

[그림 15] 표에 대한 개요 설명 제공의 예

◎ 그림 자료 제시

학습 내용을 텍스트 외의 그림, 사진, 이미지맵 등을 사용하여 제시할 때에는 이것이 표현하고 있는 시각 정보를 구체적으로 설명하는 대체 텍스트(alt text)를 제시하였다. 그래서 다음 [그림 16]과 같이 그림을 가장 잘 나타내 주는 설명(예: '눈썹이 닮은 아버지와 아들의 모습을 통해 유전을 나타내는 그림, 책상에 앉아 열심히 공부하는 모습을 통해 환경을 나타내는 그림')을 대체 텍스트로 제공하면, 스크린 리더를 사용하는 시각장애 학생들이 그림 파일의 텍스트 설명을 읽으면서 동등하게 학습을 할 수 있다. 그리고 저시력 장애 학생들이 화면 확대 소프트웨어로 내용을 확대해도 학습화면이 선명하게 보일 수 있도록 제시된 그림의 해상도를 높였다.

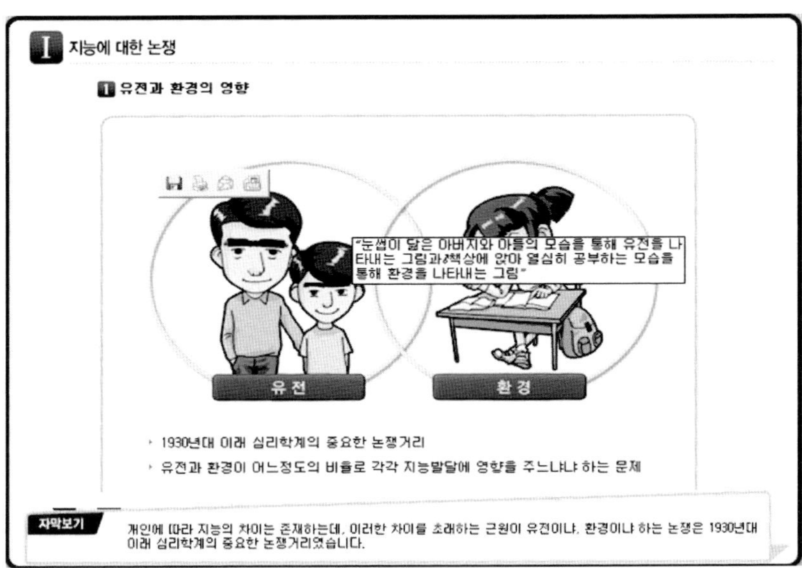

[그림 16] 그림 자료 제시에서 대체 텍스트 제공의 예 1

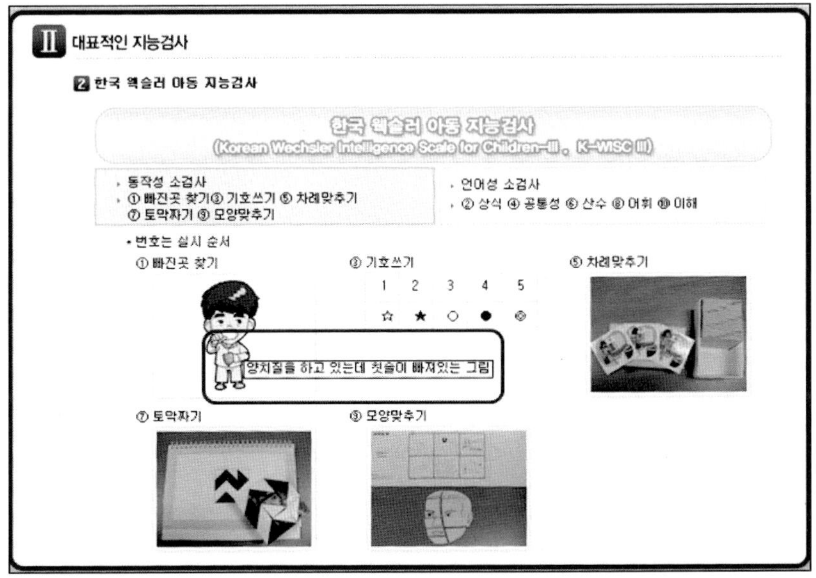

[그림 17] 그림 자료 제시에서 대체 텍스트 제공 예 2

◎ 음성 자료 제시

본 e-러닝 프로그램은 교수자의 음성 정보인 내레이션이 전체적인 학습을 이끌어 가도록 구성했다.

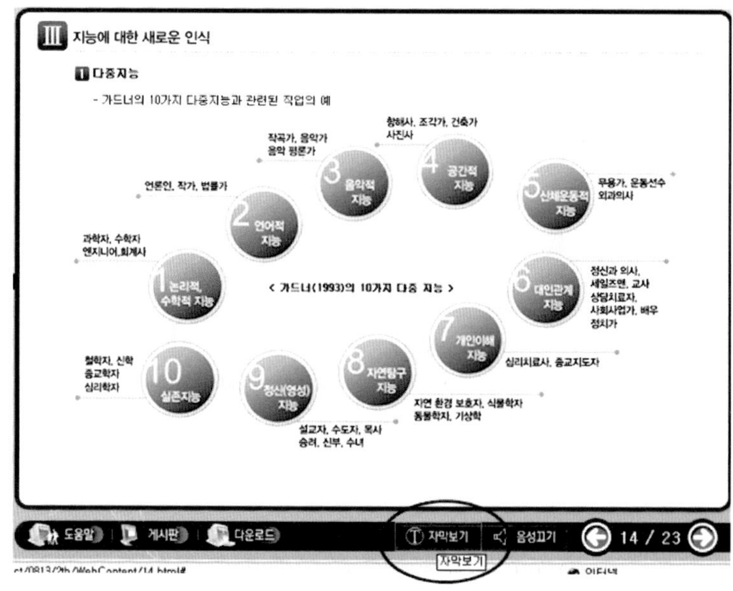

[그림 18] 학습 내용에서 자막 보기 아이콘

학습을 진행하는 내레이션과 동시에 자막을 제시하였으며, 이것은 학습자가 자신의 선호에 따라 선택할 수 있도록 했다. 청각장애 학생 중에 좋은 음질의 큰 소리는 들을 수 있는 경우가 있으므로, 내레이션이나 동영상에서 사용하는 음성 정보의 잡음을 최소화했다. 또한 내레이션이 제공되면 청각 정보가 제시되고 있음을 알리는 시각적 단서가 되는 '자막 보기' 아이콘을 눈에 띄게 제시해서 청각장애 학생들이나 자막을 원하는 학생들이 자막을 선택해서 학습할 수 있도록 하였다.

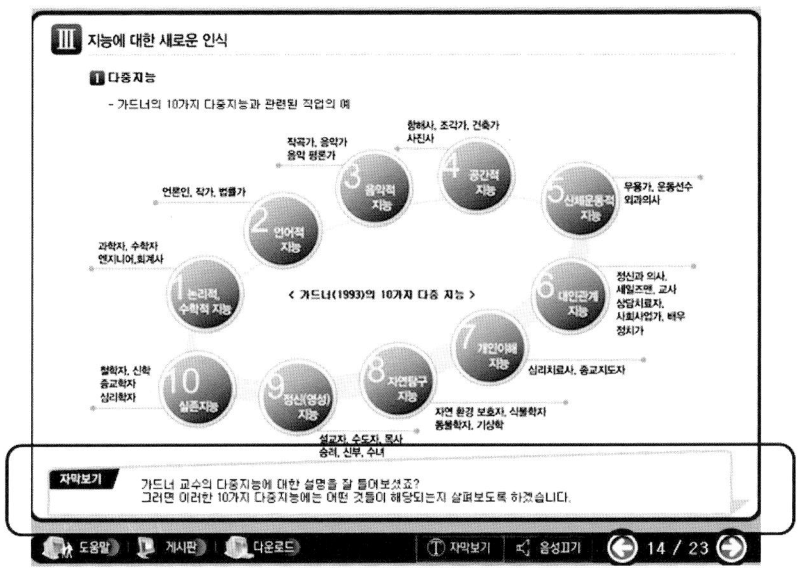

[그림 19] 학습 내용의 자막 제시 화면

◎ 멀티미디어 자료 제시

본 프로그램에서는 시각장애 학생이 동영상이나 애니메이션 자료의 화면 정보를 볼 수 없으므로, 동영상에 대한 화면 설명을 별도로 텍스트 파일로 제공했다.

그리고 내레이션과 마찬가지로 동영상에 있는 음성정보에 대해 모두 자막으로 동시에 제공하였고 이것은 처음에 '자막 보기'를 선택하면 내레이션과 동영상의 음성 정보들이 한 강좌에서 계속 유지되도록 설정했다. 또한 저시력 장애 학생이 동영상 화면을 확대해서 볼 수 있도록 모니터 전체 화면 크기로 변경할 수 있도록 했고, 전체 화면으로 확대해도 선명한 화질을 유지할 수 있도록 했다.

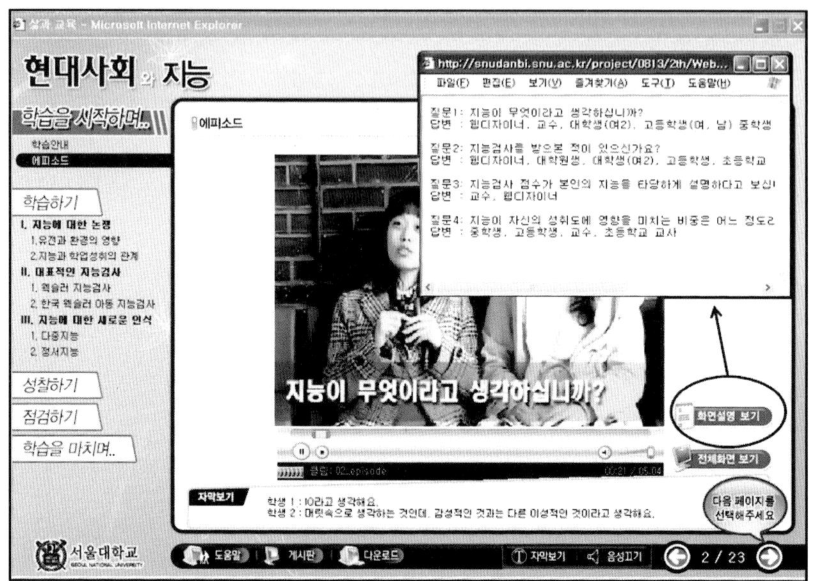

[그림 20] 동영상에 대한 화면 설명 제공

③ 보충 및 심화 단계: '성찰하기'

e－러닝 프로그램의 보충 및 심화 단계는 '성찰하기'라는 명칭을 메뉴명으로 사용하였으며, 학습 내용과 관련된 사례를 그림으로 제시한 후에 이 사례를 통해 자신의 생각을 성찰하여 제출하는 과제가 이루어졌다. 이때에 제시된 그림 자료는 학습 내용 제시 때와 마찬가지로 대체 텍스트를 제시했으며 내레이션에 대한 자막을 동시에 제공했다.

[그림 21] 보충 및 심화 단계의 과제 제시 화면

성찰하기에서 학생들이 답안을 제출할 때에 e-러닝 프로그램 화면에서 곧바로 작성하여 제출할 수 있도록 글 입력 창을 다음 그림과 같이 제공했다. 또한 시각장애와 지체장애 학생들의 경우 직접 화면에서 답안을 작성하는 것보다 자신이 편한 문서작성 프로그램(한글, Word, 메모장 등)에서 답을 작성하여 제출할 수 있도록 파일 첨부 기능을 추가하였다. 학생이 e-러닝 화면에서 직접 답안을 입력하였을 경우, 자신이 입력한 글을 따로 저장하거나 인쇄할 수 있는 아이콘을 제공해 장애학생들이 자신이 작성한 답안을 쉽게 확인할 수 있도록 하였다.

대체로 보충 및 심화 단계 또는 학습 내용 제시 단계에서 팝업(pop-up) 창으로 보충 학습 내용을 많이 제시하는데, 시각장애나

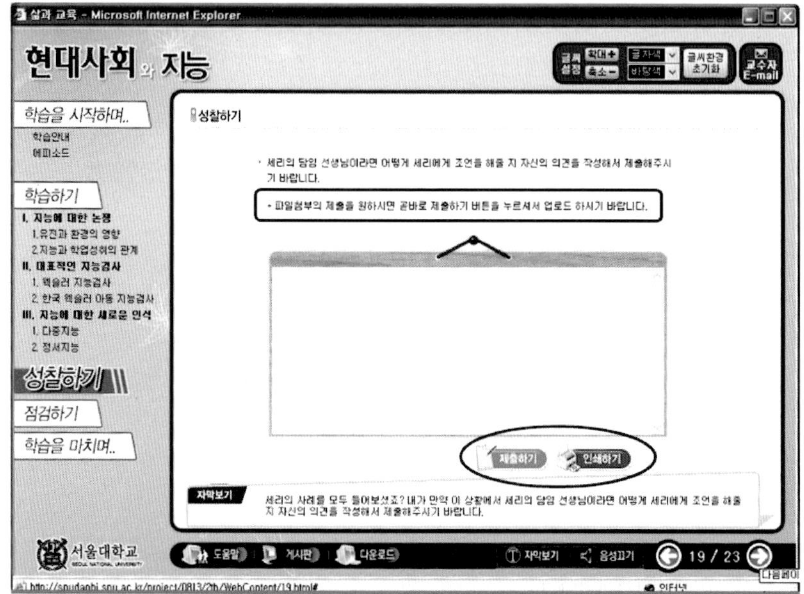

[그림 22] 보충 및 심화 단계의 답안 작성 화면

지체장애 학생의 경우에는 여러 개의 새로운 창으로 학습 내용을 전달하면 창을 조작하는 것이 불편하고 시각장애 학생의 경우 팝업 창의 학습 내용이 제대로 전달되지 않을 수 있으므로 본 프로그램에서 팝업 창과 같이 열리는 윈도우 스크린의 수는 도움말이나 자료 다운로드를 하는 것 외에 최소로 했다.

④ 평가 단계: '점검하기'

본 e-러닝 프로그램의 평가 단계는 '점검하기'라는 메뉴명으로 구성하였으며, 학습 내용과 관련된 개념과 원리에 대한 객관식 문항의 평가로 이루어졌다. 평가 문항에 대한 힌트를 학습자가 볼 수 있으며, 문항의 답을 선택한 다음 정답을 확인하는 방식으로 이루어졌다.

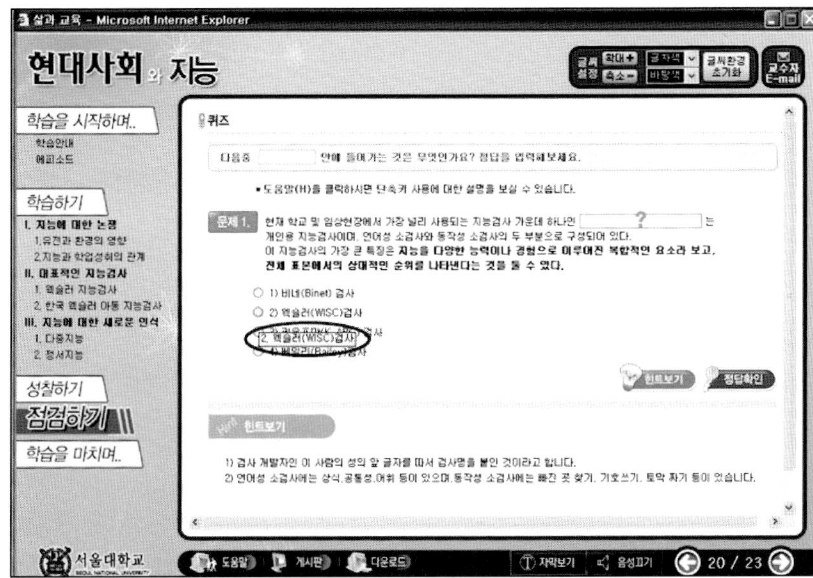

[그림 23] 평가 단계에서 문제 제시 화면

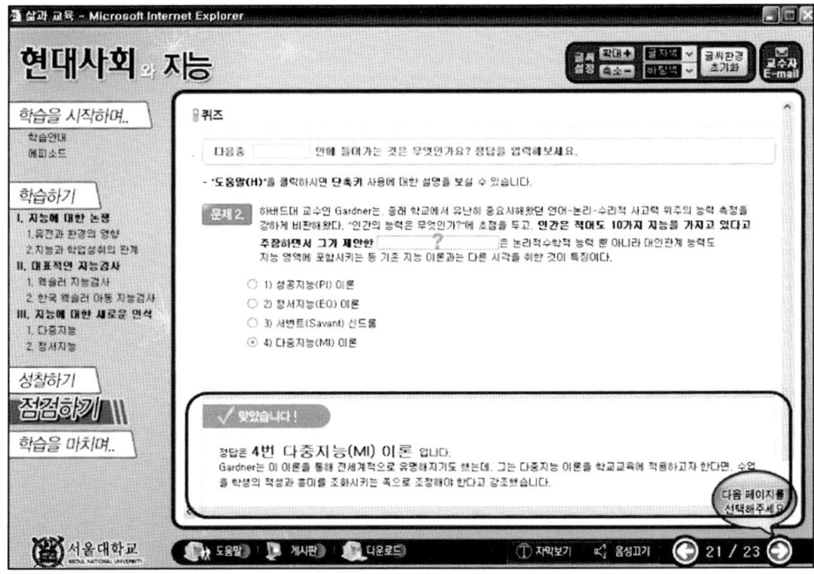

[그림 24] 평가 단계에서 정답 확인 화면

평가 문항은 텍스트로 구성하였으며 이미지화된 텍스트를 사용하지 않아 시각장애 학생들이 사용하는 스크린 리더의 접근성을 향상시켰다. 그리고 시각장애와 지체장애 학생이 답안을 선택하는 것을 단축키와 키보드로 가능하도록 했으며, 이러한 단축키 사용에 대해 도움말에 제시되어 있음을 평가 시작 시에 안내하였다. 또한 평가문항에 대한 힌트와 정답과 오답에 관한 피드백 정보는 시각장애와 청각장애 학생이 접근이 쉽도록 텍스트 중심으로 동일한 화면에 제시하였다.

⑤ 정리 단계: '학습을 마치며'

프로그램의 마지막 정리 단계는 '학습을 마치며'라는 메뉴명으로 구성되었으며, 주요 학습 내용을 요약·정리하는 교수의 동영상

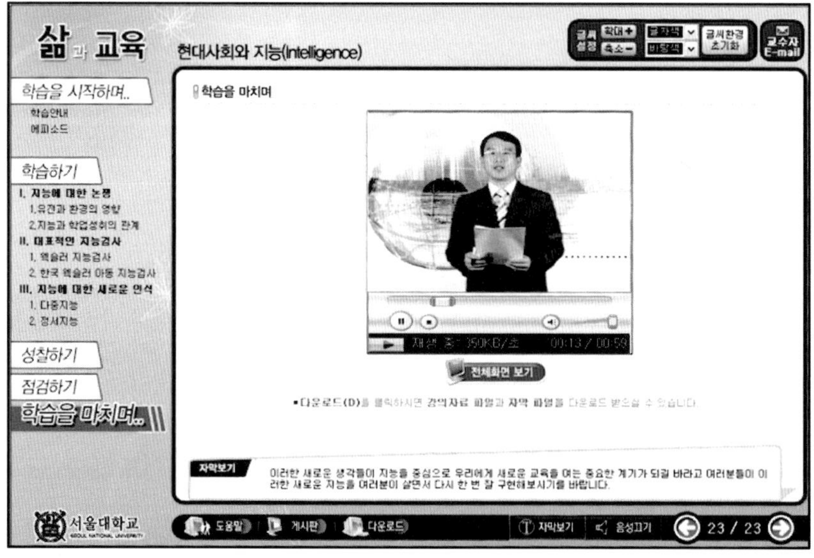

[그림 25] 정리 단계의 화면

파일이 제공되었다. 교수자가 설명하는 동영상이기 때문에 다른 부분과 마찬가지로 음성 정보에 상응하는 자막을 동시에 제시했다. 그리고 학생들의 복습을 위해 수업자료와 자막 파일을 다운로드할 수 있도록 안내하였다.

강의 자료는 시각장애 학생이 학습 내용을 따로 저장해서 음성으로 변환하거나 크게 확대해서 다시 학습할 수 있도록 디지털 파일(한글, Word, PDF)로 제공했다. 그리고 학습 내용에 그림 파일이 있는 경우, 이 그림을 구체적으로 설명하는 텍스트를 그림 아래에 함께 제시하였다. 또한 청각장애 학생이 학습 내용 중 음성 정보에 대한 자막을 인쇄해서 이후에 보충 학습을 할 수 있도록 자막 파일을 함께 제공하였다.

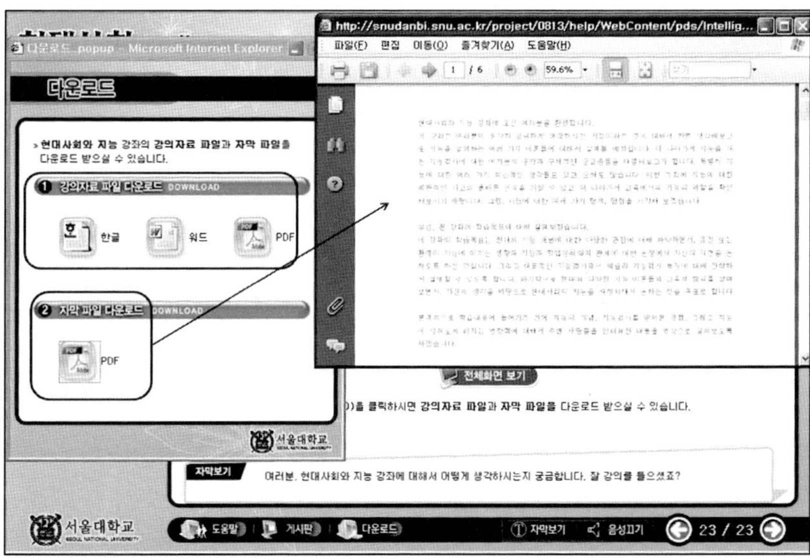

[그림 26] 강의 자료 파일 다운로드 화면

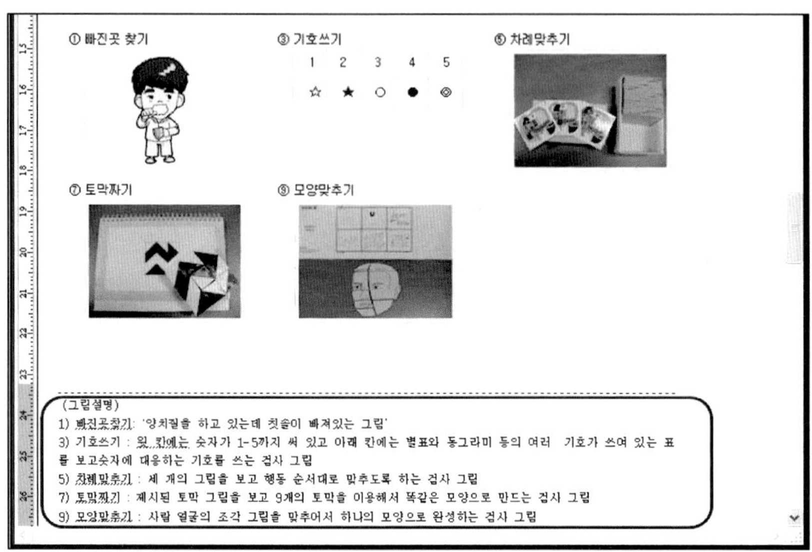

[그림 27] 강의 자료에서 그림 설명을 추가한 부분

위와 같은 절차로 e - 러닝 프로그램의 스토리보드와 프로토타입을 최종적으로 완성한 후에 교육공학 박사 2인, e - 러닝 개발 전문가 2인, 교육학 박사 1인에게 프로토타입 전체를 검토받았다. 내용전문가로서 교육학 박사 1인에게는 학습 내용적 측면의 교수 설계에서 개선이 필요한 점을 검토받았다. 그리고 나머지 전문가 4인에게는 보편적 설계 원리 기반의 e - 러닝 설계 전략이 적절하게 구현되었는지에 대해 검토받았다.

전문가 검토 과정에서 제기된 구체적인 문제점과 개선점 등을 수렴해서 개발하기 전에 프로토타입을 수정하고 보완하였다. 이와 같이 수정된 프로토타입을 토대로 웹 페이지 저작도구를 이용하여 e - 러닝 프로그램을 개발하였다. 개발 과정은 e - 러닝 전문 개발 업체의 프로그래머와 웹 디자이너의 협력으로 이루어졌다.

e - 러닝이 플래시(Flash) 기반으로 개발되면 시각장애 학생이 사용하는 스크린 리더(Screen Reader)의 접근이 어려우므로 HTML 기반으로 개발되었다. 본 프로그램의 HTML 저작도구는 Dreamweaver를 사용하였으며, 웹 프로그래밍 언어는 JSP를 사용하여 개발했다. 그리고 이미지 개발 작업은 Adobe Photoshop 프로그램을 사용하였고, 동영상 파일의 제작 및 편집은 Premier를 사용하였다.

제5장

장애학생을 위한 보편적 설계 기반의 e - 러닝 설계 전략

지금까지 제시한 보편적 설계 원리의 e - 러닝 적용 사례를 토대로 하여 최종적으로 장애학생을 위한 보편적 설계 기반의 e - 러닝 설계 전략의 개요를 다음 [그림 28]과 같이 제시할 수 있다.

• 텍스트 조절 기능 및 일관적 적용
• 학습정보의 크기 조절
• 진행 방식, 제한 시간 조절

• 필수적 이미지에 대체 텍스트 제공
• 멀티미디어의 화면 설명 제공
• 청각 정보의 자막 및 수화 제공
• 중요한 지시 및 안내의 시,청각적 제시

• 주요 정보의 상위 배치
• 근접하면서 분리된 자막 배치
• 필수 기능의 시각적 강조
• 직관적인 메뉴 구성

보편적 설계 원리 기반
e-러닝 설계 전략

1. 동일한 학습 정보의 복합적 제시

2. 학습정보 제시 방법의 융통성 있는 조절

3. 직관적인 사용이 가능한 배치 및 강조

4. 명확한 학습 정보 전달을 위한 가독성 증진

5. 선택 가능한 다양한 입력 체계

• 키보드 사용을 통한 학습 촉진
• 직관적이고 간단한 단축키 구성
• 다양한 입력 체계 제시
• 메뉴 크기 및 간격 확대 제공

• 텍스트 대비, 크기 및 모양 강조
• 자막의 가독성 증진
• 단순한 화면 구성, 제시 요소의 제한

[그림 28] 보편적 설계 기반 e - 러닝 설계 전략의 개요

보편적 설계 원리의 e-러닝 사례 적용 과정에서 평가 및 수정의 과정을 거쳐 최종적으로 고안된 e-러닝 설계 전략은 5가지로 범주화되었으며, 각 요소별로 설계 전략은 다음과 같이 구체적으로 제시할 수 있다. 다음 <표 20>에 제시된 설계 전략은 보편적 설계 원리의 7가지 틀(Center for Universal Design, 1997)로 구분하지 않고 세부적인 설계 전략들을 통합하고 재분류하여 5가지 일반요소로 다시 범주화한 것이다. 즉 보편적 설계 원리에 각각 포함된 상세 전략들 중에 논리적인 관련성이 있거나 중복되는 것들을 5가지 일반요소로 재구조화하였다.

지금까지 제시한 보편적 설계 기반의 e-러닝 설계 전략을 시각·청각·지체장애의 장애 영역별로 범주화하여 제시하면 다음과

〈표 20〉 보편적 설계 기반의 e-러닝 설계 전략의 상세 내용

범 주	보편적 설계 원리 기반의 e-러닝 설계 전략
1. 동일한 학습 정보에 대한 복합적 제시	1.1. e-러닝 메뉴 및 시각적 학습 자료에서 필수적인 이미지에 대체 텍스트(alt-text)를 구체적으로 제공하기 e-러닝에서 필수적 기능을 전달하는 메뉴와 아이콘, 학습 내용을 전달하는 그림, 사진, 도표 등의 시각 학습 자료에는 해당 정보를 구체적으로 설명하는 대체 텍스트(alt text)를 제공해야 한다. e-러닝에 사용되는 모든 이미지에 대체 텍스트를 제시하면 시각장애 학생이 스크린 리더 사용 시 혼란스러우므로 필수적인 정보를 선별하여 텍스트를 제시하도록 한다.
	1.2. 멀티미디어 학습 자료에서 시각적 정보를 설명하는 화면 설명 및 판서 내용을 구체적으로 제공하기 동영상 및 플래시애니메이션과 같은 멀티미디어로 학습 정보를 전달하는 경우, 시각적 정보에 대한 구체적 설명을 별도의 텍스트로 제공해야 한다. 시각 정보가 주된 학습 내용인 경우에는 영화 대본과 같이 구체적으로 행동을 묘사해서 제시해야 하며, 강사가 설명하는 동영상인 경우에는 판서 내용을 함께 텍스트로 제공해야 한다.
	1.3. 청각적 정보와 동일한 내용의 자막 및 수화를 일관적으로 제공하기 e-러닝에서 사용되는 내레이션, 음성, 소리 등과 같은 청각적 정보에는 동일한 내용의 자막을 동시에 제공하거나 자막 파일을 별도로 제공해야 한다. e-러닝에 사용되는 모든 청각적 정보에 대해 일관적으로 제공되어야 하며, 수화사용자를 위해 자막뿐 아니라 수화통역도 선택할 수 있도록 하는 것이 좋다.
	1.4. 학습에 필수적인 지시사항, 학습 안내, 피드백은 시각적, 청각적으로 제시하기 학습을 하는 데 필수적인 주요 기능 안내, 종료 메시지, 오류 메시지, 단축키 안내, 피드백 제시 등은 음성과 텍스트로 함께 제공해야 한다. 음성을 원하지 않는 학생은 음성 끄기를 쉽게 할 수 있도록 한다.

범 주	보편적 설계 원리 기반의 e-러닝 설계 전략
1. 동일한 학습 정보에 대한 복합적 제시	**1.5. 동일한 학습 내용에 대해 이미지, 텍스트, 인쇄물 등의 다양한 형태를 복합적으로 제시하기** 학생들이 선호하는 학습 자료 형태가 다양하므로, 동일한 학습 내용에 대해 도식화한 이미지, 텍스트 설명, 인쇄물 등의 복합적인 형태를 제공하여 학생이 원하는 학습 형태를 선택할 수 있도록 해야 한다. **1.6. 다양한 파일 형식으로 이루어진 학습 자료와 자막 파일을 제공하기** 특정 파일 형식(예: PDF)으로 구성된 학습 자료는 시각장애 학생이 음성으로 변환해서 다시 듣거나 확대해서 볼 수 없으므로 자료를 다양한 디지털 파일 형식(한글, Word, PDF 등)으로 제공하도록 한다. 학습 자료에 삽입된 이미지 파일은 그림을 설명하는 내용의 파일명으로 저장하거나 그림에 대한 설명을 함께 제시한다. 청각 정보에 대한 자막도 나중에 인쇄해서 볼 수 있도록 자막 파일을 함께 제공해야 한다.
2. 학습 정보 제시 방법의 융통성 있는 조절	**2.1. 학습 텍스트의 크기 및 색상 조절 기능의 제공과 학습에 필수적인 모든 텍스트에 일관적으로 적용하기** 학습 화면에 제시되는 텍스트를 자신이 가장 잘 보이는 설정으로 바꿀 수 있도록 글자 크기, 글자색, 배경색의 텍스트 설정을 학습자가 조정할 수 있도록 해야 한다. 자막과 메뉴, 팝업 창, 입력 창의 글자 크기도 일관적으로 변경할 수 있도록 한다. 한번 설정한 텍스트 설정 변경은 다음에도 일관적으로 적용되고 초기화도 쉽게 가능하도록 해야 한다. **2.2. 시각적인 학습 정보의 크기 조절 기능 제공하기** 학습 내용에서 사용되는 그래픽 자료(사진, 그림, 표, 그래프 등)를 기존 크기보다 더 커지게 하거나 전체 화면 크기로 쉽게 조절할 수 있도록 해야 한다. 동영상 창도 기존보다 크게 변경하거나 전체 화면으로 볼 수 있도록 해야 한다. 그리고 시각 자료를 확대해도 선명한 화질을 유지할 수 있도록 해야 한다. **2.3. 학습 진행 방식, 제시되는 음량, 제한 시간의 조절 제공하기** 학습자의 학습 속도에 따라 내레이션이나 멀티미디어를 느리게 진행하거나 빨리 진행할 수 있도록 해야 하며, 일시정지, 다시듣기, 자동적으로 넘기기 등의 학습 진행 방식의 조절이 쉽게 이루어지도록 해야 한다. 음성 자료는 잡음을 최소화하고 최대한 크게 조절할 수 있도록 해야 하며, 시간의 제한이 있는 경우에 장애학생들은 시간을 조절할 수 있도록 해야 한다.
3. 직관적인 사용이 가능한 배치 및 강조	**3.1. 중요한 메뉴와 학습 개요 정보를 상위에 배치하기** 학생들의 시선은 대체적으로 화면의 위에서 아래로 이동하고, 전맹 시각장애 학생이 사용하는 스크린 리더도 위에서 아래로 읽어 주므로 중요한 메뉴 및 아이콘은 상단에 배치해야 한다. 또한 표, 그래프 등을 학습하기 전에 해당 내용에 대한 간략한 개요 정보를 상위에 배치해야만 시각장애 학생들에게 적확히 전달될 수 있다. **3.2. 학습 내용과 근접하면서 분리되게 자막 배치하기** 음성정보에 대한 자막을 제시할 때, 학습 내용과 자막의 거리를 너무 떨어뜨려 제시하면 학습자의 시선이 두 군데로 분리되므로 학습 내용과 가까운 위치에 배치해야 한다. 또한 학습 내용 위에 겹쳐서 자막을 제시하면 시각적 정보를 가리게 되므로 학습 내용과 분리해서 제시하도록 한다. **3.3. 자주 사용하는 필수적 기능을 시각적으로 강조하기** 가장 많이 사용하는 주요 메뉴 또는 아이콘이나 새롭게 제시되어 주의집중을 해야 하는 정보들은 학습자에게 잘 보이게 배치하고 크기, 모양, 색상을 뚜렷하게 다르게 강조해서 학습자의 시선을 집중시키도록 한다. **3.4. 직관적으로 사용 가능하도록 메뉴를 구성하기** 필수적인 메뉴들을 명확하게 구분하도록 색상과 모양을 강조해서 구성해야 한다. 저시력 학생이 메뉴를 쉽게 구분할 수 있도록 중요한 메뉴는 관련 이미지를 함께 제시하는 것이 좋다.

범 주	보편적 설계 원리 기반의 e-러닝 설계 전략
4. 명확한 학습 정보 전달을 위한 가독성 증진	**4.1. 텍스트의 대비 증가와 크기 및 글자체 변경을 통해 중요한 학습 정보를 강조하기** 텍스트로 이루어진 학습 내용은 명확히 구분이 되는 글자체로 배경색과 텍스트가 충분히 대비가 되게 제시해야 한다. 중요한 부분은 색상으로만 강조하지 말고 글자 크기나 글자체를 뚜렷하게 변화시켜 강조하도록 한다.
	4.2. 간결한 제시 방식과 시각적 표시를 통해 자막의 가독성 증진시키기 자막이 명확하게 전달되도록 뚜렷한 글씨체로 2~3줄씩 간결하게 제시해야 한다. 자막의 가독성을 높이기 위해서 내레이션의 진행에 맞게 색이 변하게 하는 것도 좋다.
	4.3. 단순한 화면 구성, 제시 요소의 제한으로 내용을 명확히 전달하고 접근성 높이기 색상의 과도한 사용을 피하고 한 페이지에 전달하는 학습 내용을 최소로 하여 학습 내용을 명확하게 전달하도록 한다. 또한 가능한 한 HTML 기반으로 단순하게 설계하여 시각장애 학생이 효과적으로 학습할 수 있도록 한다.
5. 선택 가능한 다양한 입력 체계	**5.1. 키보드를 사용해 학습이 쉽게 진행될 수 있도록 기능을 설계하고 잘 보이는 곳에 안내하기** 키보드를 사용해서 학습 화면의 전체 메뉴들을 순서대로 이동할 수 있고, 학습 진행에서 제한이 없도록 설계해야 한다. 단축키 및 키보드 사용을 도움말에서만 안내하면 매번 도움말을 보고 사용해야 하는 번거로움이 있으므로 학습 화면에 계속 보이게 해서 지속적으로 사용할 수 있도록 촉진해야 한다.
	5.2. 별도의 학습이 필요 없는 간단한 단축키 설계하기 장애학생이 별도의 학습이 필요 없고 직관적으로 사용할 수 있도록 단축키를 구성하도록 한다 (예: space bar, →, PgDn, Esc 등). 단축키를 사용할 때 두 키를 동시에 누르는 것보다는 가능한 한 하나의 키만을 누르는 간단한 단축키로 설계하도록 한다.
	5.3. 여러 방법으로 학습 참여가 가능하도록 다양한 입력 체계를 구성하기 학습자가 답을 입력해야 할 때에 키보드로 숫자를 입력하는 것과 보기를 선택하는 것이 모두 가능하도록 구성한다. 또한 학습자가 긴 문장을 입력해야 하는 경우, 직접 입력 창에 작성하는 것과 다른 문서 작성 프로그램에서 답안을 작성해 파일을 첨부하는 것이 모두 가능하도록 구성한다. 그리고 학생이 입력한 답안을 쉽게 저장하거나 인쇄할 수 있는 아이콘을 구성하도록 한다.
	5.4. 메뉴 크기 및 간격을 조절해서 마우스 조작을 최소로 하도록 하기 메뉴들의 크기가 작고 간격이 좁으면 장애학생들이 잘못 선택할 가능성이 높으므로 크기와 간격을 넓히도록 메뉴 크기를 확대하는 기능을 제공해야 한다. 텍스트 및 이미지에서 마우스로 선택 가능한 면적을 넓혀 정교한 마우스 조작을 위한 별도의 노력을 줄이도록 하는 것이 좋다.

같다. 이것은 앞서 제시한 e-러닝 설계 전략을 각 장애 특성에 맞추어 재구조화한 것이며, 한 가지 전략이 여러 장애 영역에 걸쳐서 해당되는 것들은 대상에 맞추어 나누어 설명하였다. 시각·청각·지체장애 학생들의 특성과 보편적 설계 원리 기반의 e-러닝 전략과의 관련성을 중점적으로 논하고, 설계 전략 구현의 구체적인 예를 함께 제시하면 다음과 같다.

1. 시각장애 학생을 위한 설계 전략

1) e - 러닝 메뉴 및 학습 자료에서 필수적인 이미지에 대체 텍스트를 구체적으로 제공하기

학습 화면에 제시된 텍스트를 음성을 변환해 주는 스크린리더 소프트웨어를 사용하는 전맹 시각장애 학생들은 텍스트로 이루어지지 않은 이미지 자료는 학습할 수가 없다. 전맹 시각장애 학생이 웹에서 학습을 하기 위해서는 스크린 리더를 사용해야 하므로 이 학생들이 공평하게 학습을 할 수 있도록 이미지 자료에 대체 텍스트(alt - text)로 설명을 제공해야 한다.

e - 러닝 프로그램에서 그림, 사진, 그래프 등의 이미지 자료로 학습 정보를 전달하거나 이미지로 된 아이콘이나 메뉴를 사용할 때에 해당 정보를 구체적으로 설명하는 대체 텍스트를 이미지에 제공해야 한다. 학습 자료에 사용되는 그림의 경우 '검사도구 그림'이라고 간단하게 텍스트를 제시하는 것이 아니라, '사람 얼굴의 조각 그림을 맞추어서 하나의 모양으로 완성하는 검사 그림처럼 행동을 구체적으로 설명해서 텍스트를 제공해야 한다. 그리고 e - 러닝 프로그램에서 의미가 없거나 학습 내용과 상관없는 이미지 파일들(예: 배경 이미지, 로고, 블릿 등)까지 모두 대체 텍스트를 삽입하면 혼란스러우므로 학습에 필수적인 정보에 한해서 텍스트를 제공하도록 하는 것이 효율적인 정보 전달을 도울 수 있다.

[그림 29] 학습 정보에 대체 텍스트를 제공하는 예

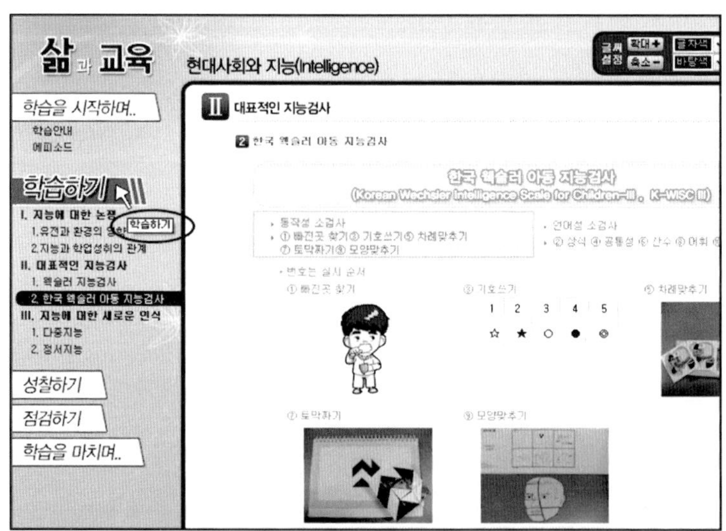

[그림 30] 메뉴에 대체 텍스트를 제공하는 예

2) 멀티미디어로 제시되는 시각 정보에 대해 화면 설명 및 판서 내용을 구체적으로 전달하기

시각장애 학생은 멀티미디어(동영상, 플래시애니메이션 등)를 통해 학습 내용을 전달하는 경우, 청각적 정보를 들을 수는 있지만 시각적 정보를 학습할 수 없다. 따라서 시각장애 학생이 멀티미디어를 통해 효과적으로 학습할 수 있도록 구체적인 화면 설명을 제공해야 한다. 사례 개발 과정에서는 e-러닝 프로그램은 동영상의 시각적 정보에 대한 설명이 너무 간단하게 제시되어 내용을 정확히 이해할 수 없다는 것이 문제점으로 지적되었다. 따라서 멀티미디어의 시각 정보에 대한 설명이 행동 및 상태에 대해 영화 대본과 같이 구체적으로 제시되어야 한다. 시각 정보가 주된 학습 내

[그림 31] 동영상에 대한 화면 설명 제공의 예

용인 경우에 영화 대본과 같이(예: '길거리에서 중학생 소녀가 마이크에 대고 답변을 하고 있다.') 구체적으로 행동을 묘사해서 제시해야 하며, 강사가 판서를 하면서 설명하는 동영상인 경우에는 칠판의 판서 내용을 텍스트로 제공해야 한다.

3) 학습 텍스트의 크기 및 색상 조절 기능을 제공하고, 학습에 필수적인 모든 텍스트에 일관적으로 적용하기

본 연구에서는 학습 화면에 제시되는 텍스트를 자신이 가장 잘 보이는 크기로 확대하거나 색상을 바꿀 수 있도록 하는 것이 여러 전문가 및 학습자들에게서 제안되었다. 특히, 저시력 장애 학생들은 일반적으로 웹에 제시되는 텍스트의 크기가 작고 명확하게 구분이 안 되어, 확대 소프트웨어를 별도로 사용해야 텍스트를 읽을 수 있는 경우가 많다. 따라서 저시력 장애 학생이 직접 글자 크기, 글자색, 배경색의 텍스트 설정을 자신에게 맞게 조정할 수 있도록 하는 것이 좋다. 그리고 같은 저시력 장애 학생들도 각자 잘 보이는 스크린 환경이 다르므로, 학생 자신이 가장 편하게 효과적으로 학습할 수 있는 조건을 찾아 그 조건하에서 텍스트를 학습하도록 해야 한다.

그리고 일반적인 학습 창에서의 텍스트뿐 아니라 자막과 메뉴, 팝업 창, 입력 창의 글자 크기도 일관적으로 변경할 수 있도록 해야 한다. 본 연구에서 개발된 e-러닝 프로그램에서는 도움말이 제시된 팝업 창에 텍스트 변경이 적용되지 않았는데, 이러한 경우

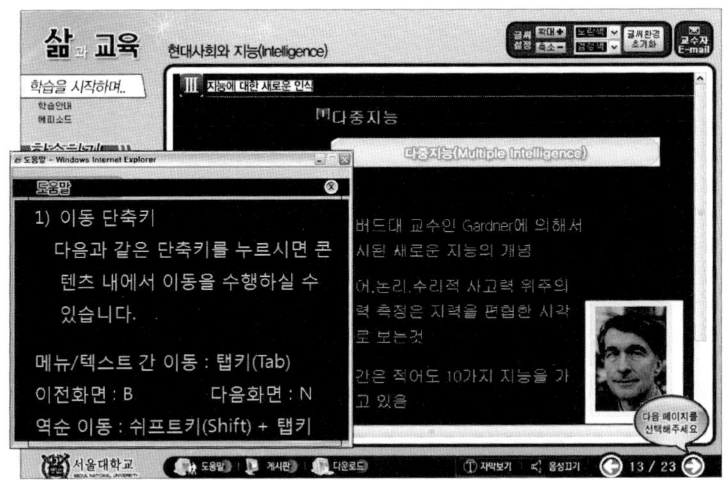

[그림 32] 텍스트 설정 변경을 일관적으로 적용한 예

도움말의 중요 정보를 시각장애 학생이 정확하게 습득하는 것이
어렵다. 따라서 텍스트 설정의 변경은 학습 전체 단계에서 일괄적
으로 적용되어야 하고, 한번 설정된 텍스트 설정 변경은 다음에
다시 학습할 때에도 일관적으로 적용되도록 하는 것이 좋다. 또한
크기 및 색상이 변경된 텍스트를 기본 상태로 바꾸는 것도 손쉽게
가능하도록 해야 할 것이다.

4) 학습에 필수적인 지시사항, 학습 안내, 피드백은 시각적 및 청각적으로 제공하기

시각장애 학생을 위해서는 학습하는 데 필수적인 주요 기능 안
내, 종료 메시지, 오류 메시지, 단축키 안내, 피드백 등을 텍스트와

함께 음성으로 제공해야 한다. 즉 중요한 전달 사항이 시각적인 텍스트로 제시되어 있어도 동시에 청각적인 음성을 중복해서 제공하는 것이 좋다. 이렇게 음성으로 안내하는 것은 전문가 및 학습자 평가 과정에서 일관적으로 지적된 내용이다. 왜냐하면 모든 상황에서 전맹 시각장애 학생들이 스크린 리더를 사용하는 것은 아니며, 이것을 대체로 사용하지 않는 저시력 장애 학생들의 경우 전달 사항이 일반적인 텍스트로 제시되면 필수 정보를 그냥 지나쳐 버릴 수가 있기 때문이다. 따라서 학습 진행에 필요한 필수적인 지시 사항이나 안내에 대해서는 텍스트와 음성이 시각, 청각적으로 동시에 제공되어서 시각장애를 포함하여 모든 학생들이 반드시 정보를 확인할 수 있도록 해야 한다. 그리고 전맹 시각장애 학생이 학습을 할 때에 스크린 리더에서 텍스트를 읽어 주는 음성과 e - 러닝 자체에서 나오는 음성 안내가 중복이 될 수 있다. 이러한 상황에서는 시각장애 학생이 손쉽게 음성 끄기를 할 수 있는 아이콘을 만들어 음성 안내 기능을 선택할 수 있도록 해야 할 것이다.

5) 학습 자료를 다양한 형식으로 구성하여 제공하기

e - 러닝 프로그램에서 학생들에게 학습 자료를 제공할 때에 특정 파일 형식(예: PDF)으로만 구성된 학습 자료는 전맹 시각장애 학생이 음성으로 변환해서 다시 듣거나 저시력 장애 학생이 텍스트를 확대해서 볼 수가 없다. 그리고 하나의 파일 형식으로만 되어 있으면 해당 프로그램이 설치되어 있지 않는 컴퓨터의 경우 내

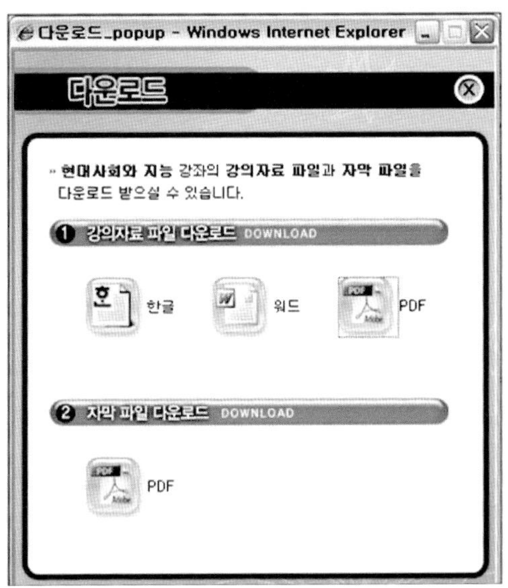

[그림 33] 다양한 형식의 학습 자료 제공의 예

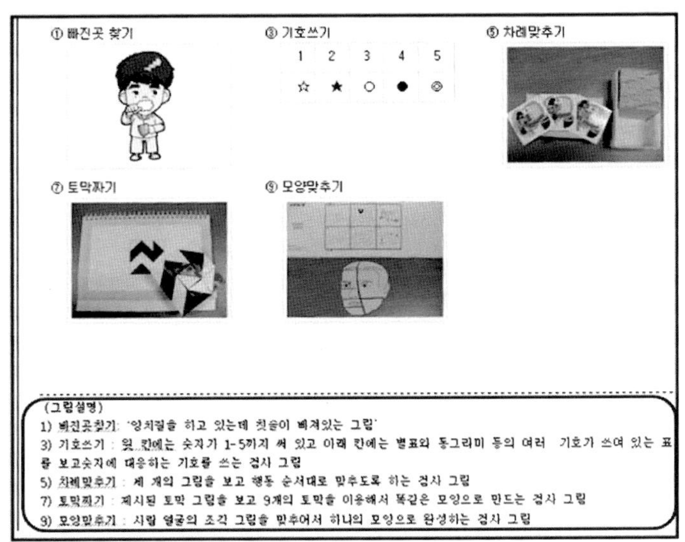

[그림 34] 학습 자료에 이미지 설명을 추가한 예

용을 즉시 확인할 수가 없다. 따라서 다양한 디지털 파일 형식(한글, Word, PDF 등)으로 자료를 제공해야 시각장애 학생을 포함한 모든 학생들이 학습 자료를 편리하게 확인하고 학습할 수 있다. 그리고 제공하는 학습 자료에 이미지 파일이 있는 경우에는 시각장애 학생이 학습할 수 있도록 이미지를 설명하는 내용의 파일명으로 저장하거나 그림에 대한 설명을 함께 제시해야 할 것이다.

6) 시각적인 학습 정보의 크기 조절 기능 제공하기

e - 러닝에서 제시되는 이미지 자료의 크기를 더 크게 제시하고 명확하게 보이도록 하면 저시력 장애 학생들의 인지적 부담 및 정보처리에 필요한 별도의 노력이 줄어들게 된다. 따라서 학습 내용에서 사용되는 이미지 자료(예: 사진, 그림, 표, 그래프 등)를 기존

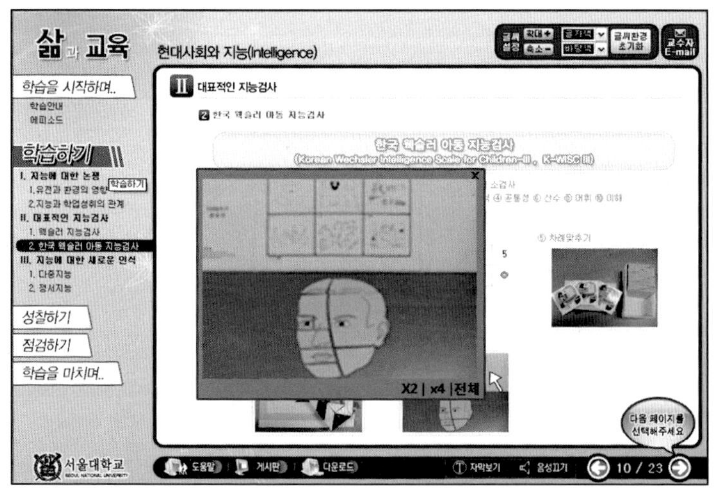

[그림 35] 학습 화면에서 그림 크기를 조절하는 예

보다 크게 만들거나 전체 화면 크기로 쉽게 조절할 수 있도록 하는 것이 필요하다.

여기에서 주의할 점은 크기를 확대하면 이미지 자료가 희미하게 보이거나 분명하지 않으면 확대하는 기능이 아무 소용이 없으며 인지적 부담만 더 가중시키게 된다는 것이다. 따라서 이미지 자료를 확대해도 선명하게 보일 수 있도록 이미지의 해상도를 높이고 선명한 화질을 유지하도록 하는 것이 크기 조절 기능에 뒤따라야 할 것이다. 그리고 동영상 창도 더 크게 변경하거나 전체 화면으로 볼 수 있도록 하며, 확대해도 선명한 화질을 유지할 수 있도록 해야 할 것이다.

7) 중요한 메뉴와 학습 개요 정보를 상위에 배치하기

전맹 시각장애 학생이 사용하는 스크린 리더도 화면의 위에서 아래로 읽어 주고, 저시력 장애 학생들도 화면에서 시선이 주로 위에서 아래로 내려오게 된다. 따라서 학습에 필수적인 중요한 메뉴나 학습 정보는 윗부분에 배치하도록 해야 한다.

시각장애 학생의 경우, 표 및 그래프를 학습하는 데 시각적 제한이 있으므로 학습을 시작하기 전에 해당 내용에 대한 간략한 개요 정보를 설명해야 한다. 개요 정보는 표 및 그래프의 범례, 수치, 경향, 결과 등에 대한 내용을 제시하는 것이 좋다. 저시력 장애 학생들이 표나 그래프를 자세히 보지 않아도 해당 개요 내용을 읽으면 한눈에 파악할 수 있도록 구체적인 설명을 제공해야 하며, 이

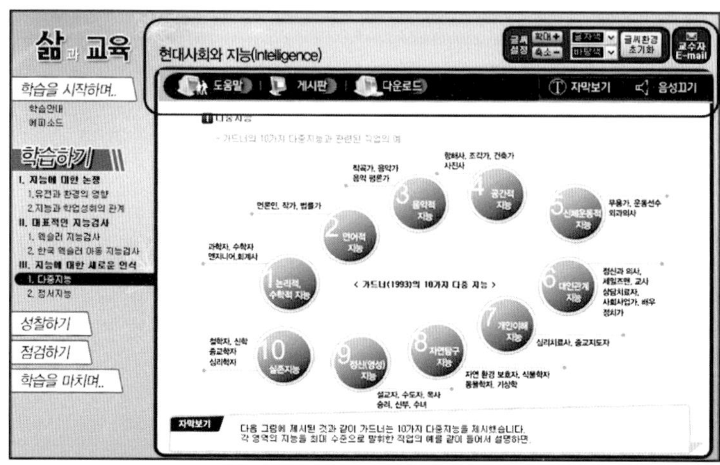

[그림 36] 중요 메뉴를 상위에 배치한 예

것은 제시되는 시각자료보다 상위에 배치해서 시각장애 학생들에게 정확히 전달될 수 있도록 해야 한다.

8) 학습 과정에서 필수적 기능 및 내용을 시각적으로 강조하기

저시력 장애 학생은 일반적인 텍스트로 정보를 전달할 경우, 중요한 내용이 있는 부분에 주의집중을 하지 못하여 학습을 적절하게 못 하고 넘어가는 경우가 있을 수 있다. 그러므로 학습 과정에서 가장 많이 사용하는 주요 기능(내비게이션, 목차 등)들은 크기, 모양, 색상을 뚜렷이 다르게 해서 그 위치를 강조해야 한다. 즉 학습 과정에서 필수적인 기능에 대해서는 강조기법을 사용하여 시선을 집중시켜 시각장애 학생들이 중요한 정보를 놓치지 않고 반드시 학습하고 넘어갈 수 있도록 해야 한다.

[그림 37] 주요 메뉴 및 아이콘을 강조한 예

보편적 설계 원리를 적용한 사례 개발 과정에서 저시력 장애 학생들이 텍스트로 이루어진 학습 내용을 정확하게 읽을 수 있도록 배경색과 텍스트가 충분히 대비가 이루어져야 함을 알 수 있었다. 그리고 중요 사항을 색맹이나 색약이 있는 학생들을 고려해서 색상으로만 텍스트 내용을 강조하지 말고 크기나 모양을 변화시켜서 강조해야 한다는 전략도 발견되었다. 따라서 학습에서 사용되는 필수적인 메뉴나 학습 정보들이 명확하게 구분 가능하도록 크기나 모양을 변화시켜서 제시하고, 중요한 메뉴는 저시력 학생들이 쉽게 구분할 수 있도록 관련 이미지를 함께 제시하는 것이 좋다.

9) 동일한 학습 내용에 대해 도식화, 텍스트, 요약 등의 다양한 형태를 복합적으로 제시하기

전맹 시각장애 학생들은 텍스트로 이루어진 학습 자료를 선호하지만, 저시력 시각장애 학생들은 내용이 요약된 간결한 자료 형태를 선호하기도 한다. 그리고 시각장애 학생 외에 다른 장애학생들도 저마다 선호하는 학습 자료 제시 형태가 다양할 수 있다. 따라서 이를 위해 학습 자료의 파일 형태뿐만 아니라, 학습 내용 자체를 제시하는 여러 방식들을 사용하여 도식화, 텍스트, 요약 등의 다양한 형태로 학습 내용을 구성하여 제공하는 것이 효과적이다.

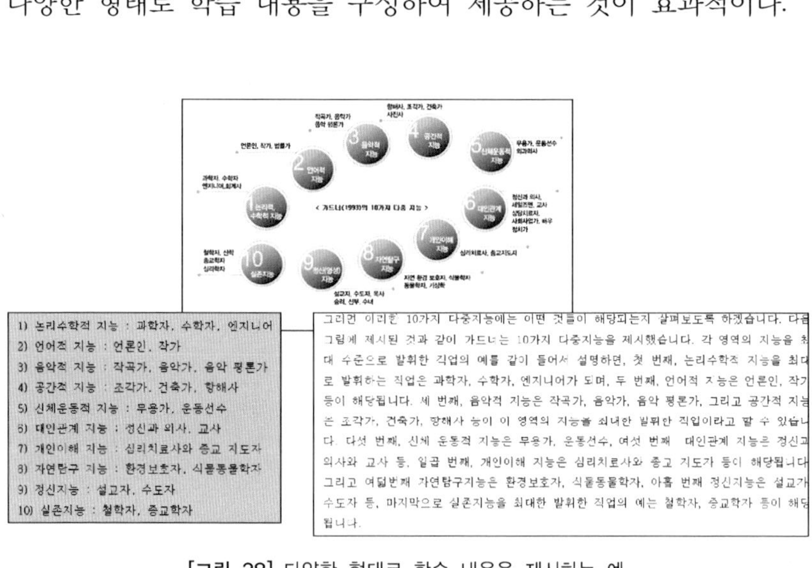

[그림 38] 다양한 형태로 학습 내용을 제시하는 예

10) 키보드를 사용해 학습을 진행할 수 있도록 설계하기

시각장애 학생들의 경우는 대부분 컴퓨터를 키보드로 사용하게 되는데, 시각장애 학생들의 평가 결과를 보면 e-러닝 프로그램에서 키보드로 접근이 안 되는 부분도 있고 순서대로 이동되지 않아 혼란을 유발시키는 경우도 있었다. 따라서 내비게이션 구조를 키보드(Tab키, Enter키 등)를 통해서 학습 화면의 전체 메뉴들을 순서대로 이동할 수 있도록 설계해야 한다. 또한 키보드로 접근하는 것이 e-러닝 프로그램의 전체 기능들에서 제한이 없도록 설계해야 할 것이다.

2. 청각장애 학생을 위한 설계 전략

1) 청각자료 정보와 동일한 내용의 자막 및 수화를 일관적으로 제공하기

e-러닝 프로그램에서 내레이션, 음성, 소리 등과 같은 청각적 자료로 학습 정보를 전달하는 경우, 자막 및 수화를 제공하거나 자막 텍스트를 별도로 확인할 수 있도록 해야 한다. 보편적 설계 원리를 적용한 e-러닝 프로그램 사례에서는 내레이션과 함께 자막을 동시에 제공하였는데, 전문가들과 청각장애 학생들은 수화를 추가적으로 제공하는 것이 필요하다고 제안하였다. 왜냐하면 수화

를 의사소통의 주요 수단으로 사용하는 청각장애 학생들은 텍스트가 제시되는 화면보다 수화로 제시될 때 이해하는 것이 훨씬 빠르고 효과적이기 때문이다. 그러나 자막과 수화의 두 가지 방법을 동시에 제공하는 것이 어려우면, 자막을 우선적으로 제공해서 다수의 학습자들이 청각적 정보를 효과적으로 학습할 수 있도록 해야 할 것이다. 그리고 자막 및 수화를 청각적 자료와 동시에 제공하는 것이 어려운 상황이면, 자막과 동일한 내용의 텍스트를 별도로 확인하거나 다운로드할 수 있도록 해서 학습자가 모든 청각적 정보를 대안적으로 학습할 수 있도록 해야 한다.

사례 적용에서 개발한 e – 러닝 프로그램에서는 내레이션에 맞추어 대부분 자막이 제시되었는데, 동영상 화면을 전체 화면으로 변경하면 자막 창이 가려져서 자막을 볼 수가 없었다. 따라서 동영상이나 애니메이션을 포함한 모든 청각적 정보에 대해서 일관적으로 자막을 제공해야 할 것이며, 이러한 멀티미디어를 전체 화면으로 확대해도 자막을 볼 수 있도록 배치해야 할 것이다.

2) 속도 및 음량 등 학습 진행 방식의 조절 기능 제공하기

청각장애 학생은 시각으로 내레이션 자막과 화면의 학습 제시 내용을 동시에 처리해야 하므로 제한된 시각적 작업기억이 두 가지로 분산되어 비장애학생에 비해 정보처리의 부담이 많아지고 자연히 처리 속도가 늦어지게 된다. 따라서 청각장애 학생들은 내레이션의 속도를 조금 느리게 해서 학습을 할 수 있도록 해야 한다.

즉 학습자의 학습 속도에 따라 내레이션이나 멀티미디어를 느리게
진행하거나 빨리 진행할 수 있도록 해야 하며, 일시정지, 다시듣기
등의 학습 진행 조절이 쉽게 이루어지도록 해야 할 것이다. 그리
고 청각장애 학생들 중에 소리를 크게 조절하면 청각적 정보를 들
을 수 있는 난청 학생이 있으므로, 이들을 위해 음성자료는 잡음
을 최소화하고 음량을 최대한 크게 조절할 수 있도록 하는 기능을
제공해야 할 것이다.

3) 학습 내용과 근접하면서 분리되게 자막 배치하기

청각장애 학생들은 e - 러닝 환경에서의 청각 정보를 자막에 전적
으로 의존해서 학습하기 때문에, 자막에 제시된 정보가 청각장애
학생들에게 효과적으로 전달되어야 한다. 그런데 학습 내용과 자막
의 거리를 너무 떨어뜨려서 제시하게 되면 청각장애 학생들은 시선
이 두 군데로 분리되므로 자막을 학습 내용과 가까운 위치에 배치
해야 한다. 또한 학습 내용 안에 자막으로 삽입하여 제시하면 시각
적 정보가 커질 경우 자막이 시각 정보를 가리는 경우가 생기므로,
시각적인 학습 내용 영역과 자막 영역은 분리해서 제시해야 한다.

4) 청각 정보에 대한 자막의 가독성 증진

청각의 제한으로 인해 시각적 정보처리의 부담이 큰 청각장애
학생들이 효과적으로 학습하도록 하기 위해서는 자막의 가독성을

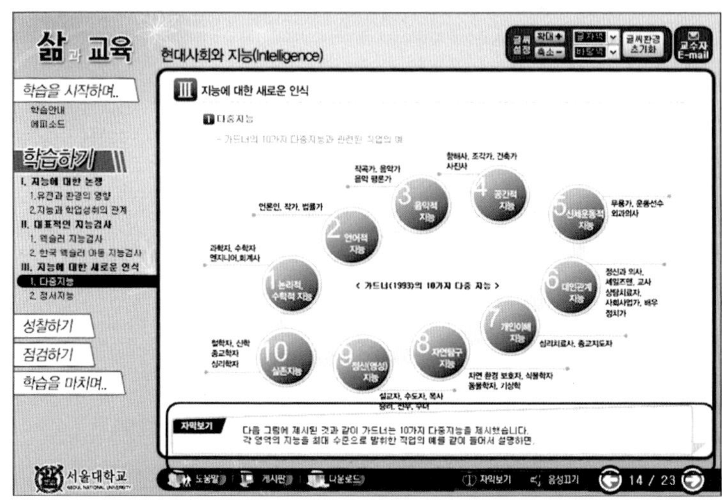

[그림 39] 근접하면서 분리된 자막 배치의 예

고려해야 한다. 따라서 자막을 텍스트로 제시하는 것에서 그치는 것이 아니라 자막 텍스트의 글자체, 크기, 색상, 배치 면에서 가독성 증진을 고려해야 한다. 구체적으로, 자막을 보면서 학습하는 것이 불편하지 않도록 명확하게 보이는 뚜렷한 글씨체로 2~3줄씩 순서에 맞게 제시해야 하며, 자막의 가독성을 높이기 위해서 내레이션의 진행에 맞게 색이 변하도록 하는 전략도 고려할 수 있다.

5) 학습에 필수적인 지시사항, 학습 안내, 피드백은 시각적 및 청각적으로 동시에 제공하기

e-러닝에서 제공되는 모든 학습 정보를 시각에 의존해야 하는 청각장애 학생을 위해서는 학습하는 데 필수적인 주요 기능 안내,

종료 메시지, 오류 메시지, 단축키 안내, 피드백 등을 시각적으로 반드시 제공해야 한다. 즉 중요한 전달 사항이 청각적인 음성으로만 제공되는 것이 아니라, 이와 함께 시각적으로 동시에 제시되어야 청각장애와 시각장애 학생들이 효과적으로 학습을 할 수 있으며 중요한 정보를 놓쳐 오류가 발생하는 것을 방지할 수 있다.

3. 지체장애 학생을 위한 설계 전략

1) 별도의 학습이 필요 없는 간단한 단축키 설계하기

단축키를 사용하는 지체장애 학생들의 평가에 따르면 별도의 학습이 필요하고 인지적인 노력을 해서 사용해야 하는 단축키 체제는 불편해서 학생들이 쓰지 않게 된다. 따라서 학습이 필요 없고 직관적으로 사용할 수 있는 단축키(space bar, 화살표 키, PgDn, Esc 등)로 학습을 진행할 수 있도록 구성해야 한다. 그리고 단축키를 사용할 때 손의 움직임이 불편한 지체장애 학생들을 고려하여 두 키를 동시에 누르는 것보다는 하나의 키만을 누르는 간단한 단축키로 설계해야 한다. 또한 키보드를 사용하여 메뉴들을 이동할 경우에 메뉴들을 계속 반복적으로 거쳐서 원하는 기능을 찾을 수 있는데, 이와 같이 불필요한 메뉴들을 거치지 않고 곧바로 학습화면에 접근할 수 있도록 단축키를 구성해야 할 것이다.

2) 여러 방법으로 학습 참여가 가능하도록 다양한 입력 체계를 구성하기

지체장애 학생들은 자신이 알고 있는 지식과 생각을 적극적으로 입력하고 선택해야 하는 상황에서 손 조작의 어려움으로 인해 비장애학생들보다 더 많은 시간과 노력을 필요로 한다. 따라서 e-러닝에서 답안을 작성하거나 글을 입력하는 과정에서 한 가지 방법만 가능하도록 하는 것이 아니라 여러 방법이 가능하도록 다양한 융통성의 적용이 필요하다. 따라서 선다형일 경우, 키보드로 숫자를 입력하는 것과 마우스로 보기를 선택하는 것이 모두 가능하도록 구성해야 한다. 그리고 단답형 및 서술형일 경우, 직접 입력창에 타이핑하는 것과 다른 환경에서 문서를 작성해서 파일을 첨부하는 것이 모두 가능하도록 구성하는 것이 좋다.

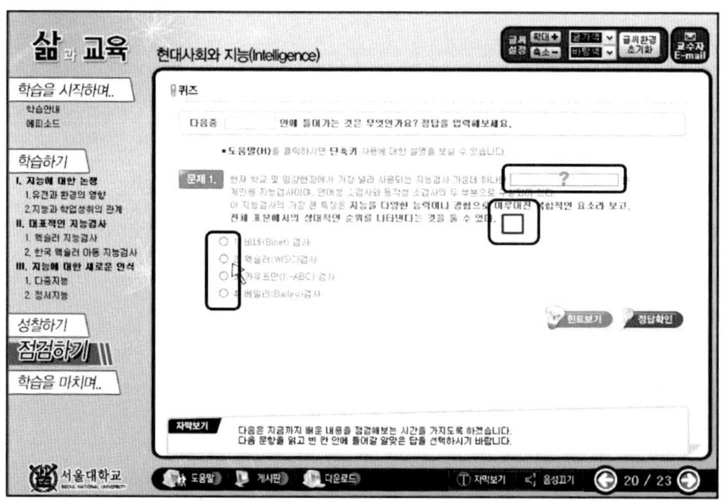

[그림 40] 여러 방법으로 답을 입력하도록 한 예

3) 메뉴 크기 및 간격을 조절해서 마우스 조작을
   최소로 하도록 하기

   지체장애 학생들이 세밀한 마우스 조작으로 인해 부가적인 노력을 하는 것을 막기 위해, 화면에서 선택할 수 있는 면적과 간격을 넓히는 것이 필요하다. 내비게이션 버튼의 경우에도 텍스트로만 이루어진 작은 버튼보다는 뚜렷이 구별되는 색을 사용해 적당한 크기로 제작을 해서 누구나 선택하는 것에서 불편함이 없도록 해야 한다. 장애학생이든 비장애학생이든 작은 버튼을 조정하여 선택하기보다 훨씬 더 적은 노력으로 원하는 기능을 선택할 수 있도록 하는 것이 중요하다. 그리고 메뉴들의 크기가 작고 간격이 좁으면 잘못 선택할 가능성이 높으므로 메뉴를 크기와 간격을 넓히도록

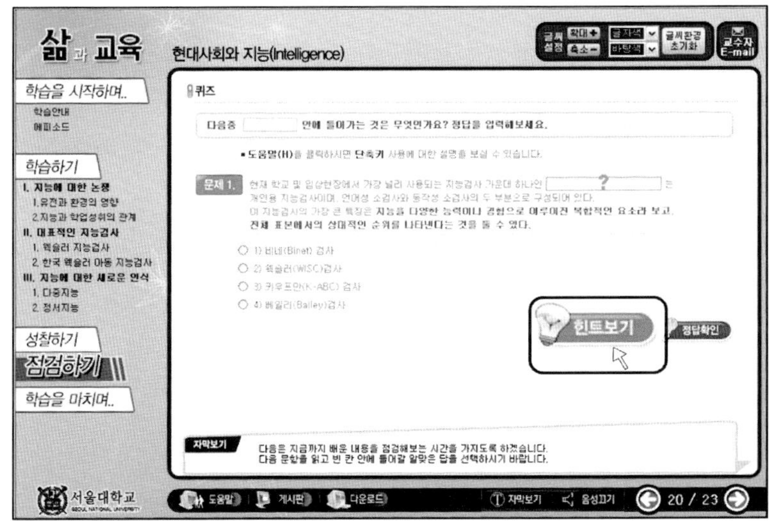

[그림 41] 마우스를 가져다 대면 메뉴의 크기가 확대되는 예

메뉴를 확대하는 기능을 제공하는 것도 필요하다. 그리고 메뉴들이 전체적으로 커지면 자연스럽게 학습 화면이 작아지거나 복잡해지므로 자신이 원하는 메뉴와 중요한 메뉴들만 선별해서 크기를 조정할 수 있도록 하는 것도 고려해야 할 것이다.

4) 학습 진행 방식의 조절 기능 제공하기

지체장애 학생들은 메뉴를 조작하거나 선택하는 데 시간이 더 소요되어 e-러닝에서 내레이션의 속도를 따라가지 못하거나 놓치는 부분이 있을 수 있다. 이러한 경우에 다시 듣거나 일시 정지하고 들을 수 있는 학습 진행의 조절 기능이 필요하다. 그리고 마우스를 여러 번 사용하여 학습을 진행하도록 하는 것보다 자동적으로 진행되도록 하고 중간에 필요한 부분에 멈출 수 있거나 수동으로 변경할 수 있도록 하는 것도 필요하다. 이렇게 진행 방식을 다양하게 조절하는 것은 지체장애 학생이 더 편리하고 효율적으로 e-러닝을 사용할 수 있도록 할 것이다.

제6장

보편적 설계 원리 적용에 대한 논의

    지금까지 시각·청각·지체장애 영역별로 특히 고려해야 하는 보편적 설계 기반의 e－러닝 설계 전략 및 적용 예시를 제시하였다. 본 장에서는 기존의 선행연구들에서 제시하고 있는 학습 이론 및 보편적 설계 원리들과 비교하여 논의하였으며, 장애학생 및 비장애학생의 전반적인 사용성 향상을 위해 고려해야 할 요소들을 제안하였다.

1. 보편적 설계 원리와 학습 이론과의 관련성

    지금까지 제시한 보편적 설계 기반의 e－러닝 설계 전략에서 동일한 학습 정보를 복합적으로(multiple) 제시하는 전략은 연구 과정 전반에서 가장 많이 언급된 것이다. 그리고 이러한 전략은 교수·학습 환경에서 보편적 설계 원리를 적용한 여러 선행연구들(Bowe,

2000; Rose & Mayer, 2002; Scott, McGuire & Shaw, 2003)에서도 공통적으로 제안된 요소이다. 학습 정보에 대한 복합적 제시 전략에 대한 인지적 근거를 설명해 보면, 멀티미디어 제시의 이중부호화 이론(dual coding theory)과 관련된다. 이중부호화 이론에 따르면, 학습 정보가 시각과 청각을 통해 동시에 전달될 때 학습자는 표상을 더 잘 연결하고 학습 내용에 대한 이해와 전이를 더 잘 수행하게 된다(Mayer & Anderson, 1991; Pavio, 1990). 그리고 시각장애나 청각장애 학생의 경우에는 정보 전달이 한 감각의 장애로 인해 온전히 그 정보를 부호화하지 못하더라도 다른 감각에서 같은 정보를 전달받을 수 있으므로 장애학생이 동등하게 학습을 할 수 있게 해 준다. 즉 시각과 청각을 활용하여 복합적으로 정보를 전달하게 되면 시각·청각장애 학생들이 학습을 공평하게 할 수 있고, 장애가 없는 학생들도 '이중부호화 이론'에 의해 정보의 표상을 더 연결하고 이해와 전이를 효과적으로 수행할 수 있는 것이다.

본 연구에서 제안하고 있는 '학습 정보 제시 방법의 융통성 있는 조절' 전략과 학습 이론과의 관련성을 살펴보도록 한다. 동영상이나 애니메이션과 같은 멀티미디어 자료의 경우 정보가 대부분 시각과 청각으로 각각 제시된다. 이러한 경우에 시각장애나 청각장애 학생은 한쪽 감각으로 전달되는 정보를 온전히 들을 수 없으므로, 듣거나 볼 수 없는 정보에 대해서 대체적인 정보(예: 자막, 화면 설명)를 중복적으로 제공해야 한다. 이때, 기존에 시각이나 청각으로 제공되는 정보가 있는데 또다시 동일한 감각 채널로 대체 정보가 제공될 때 한 감각의 정보처리는 이중으로 이루어져야 한다. 즉 외국 영화를 볼 때 자막을 읽으면서 화면을 보면 시선이 분산되어 놓치는 정보가 생기게 되는 것과 마찬가지이다. 이러한 경우에는 시각 또는 청각적 채널로 들어오는 정보가 이중으로 되어 주의집중이 두 정보로 분리되는 '주의 분리 효과(split-attention effect)'가 생긴다(Kalyuga, Chandler & Sweller, 1999). 이러한 영향 때문에 일부의 시각·청각장애 학생들은 제한된 시간에 학습하는 정보의 양이 줄어들게 되고 이에 따라 학습 속도도 느려지게 된다. 그래서 고정된 속도로 학습을 진행하게 되면 일부 시각·청각장애 학생들은 정보처리의 제한으로 순조롭게 따라올 수 없을 것이다. 따라서 장애학생들이 자신들의 정보처리 속도에 맞추어 학습 진행 속도를 조절할 수 있도록 해야 하는 것이다.

그리고 정보처리 과정은 투입되는 학습 자료의 크기나 명확성과도 관련이 된다. 왜냐하면 제시된 학습 자료가 명확하게 구분이 가능하다면 학습자의 정보처리에 부담이 있지 않을 것이기 때문이다. 그러나 학습 자료가 희미하고 잘 안 보인다면 학습자는 이것을 더 정확하게 보려고 노력을 하게 되어 결국 정보처리를 하는 데 시간이 그만큼 많이 소요된다. 이러한 상황은 저시력 장애 학생들의 평가를 관찰한 결과를 통해 알 수 있었는데, 저시력 학생들은 비장애학생들보다 제시된 그림을 확인하는 데 훨씬 많은 시간과 노력이 필요했다. 따라서 시각·청각장애 학생들을 고려한 보편적 설계 전략은 학습자에 따라 진행 속도, 학습 자료 크기, 학습 화면 설정을 직접 조절할 수 있도록 하는 기제가 있어야 자신의 정보처리 능력에 맞는 효과적인 학습이 이루어질 수 있게 된다.

그런데 복합적인 정보 제시와 다양한 기능의 융통성 있는 조절 요소들이 e-러닝 프로그램 화면의 복잡성을 더욱 증가시킬 수 있다. 이러한 화면 설계의 복잡성으로 인한 부정적 영향은 인지적 부하 이론(cognitive load theory)과 관련지어 설명할 수 있다. 인지적 부하 이론에 따르면, 인간은 제한된 양의 학습 정보만을 한 번에 처리할 수 있으므로 학습 환경에 정보를 중복적으로 많이 제시하는 경우에 학습자는 인지적 부하를 경험하게 된다. 멀티미디어를 활용하는 학습에서 인지적 부하 이론에 기반을 두고 있는 '일치(coherence) 원리'가 있는데, 이것은 학습 내용과 직접적인 관련이 없으면서 시선만 끄는 삽화, 음향효과, 무의미한 텍스트 등을 제공하는 것은 학습에 효과적이지 않다는 것이다(Mayer, Heiser & Lonn, 2001; Mayer & Moreno, 2002). 따라서 학습자는 시선을 끌지만 학습 내용과 관련 없는 정보를 처리함으로써 동시에 중요한 학습 내용 전체를 처리하지 못하는 결과를 낳게 된다. 이러한 부정적 영향을 없애기 위해서는 특정 기능이나 정보를 원하는 학생들에게만 활성화하는 선택적 제시 방법이 필요하다. 왜냐하면 일부 학생들에게만 필요한 기능들을 대다수 학생들에게 일관적으로 제시하는 것은 일부가 아닌 모두의 사용성과 만족도를 향상시켜야 하는 보편적 설계의 원리에 위배되는 것이기 때문이다. 따라서 레이아웃, 메뉴 배치, 내용 제시, 안내 등을 장애학생들의 개별적인 욕구를 충족시키면서 해당 장애가 없는 학생들이 선택하지 않으면 제시되지 않도록 조절할 수 있게 해야 할 것이다.

　마지막으로, 본 연구에서는 '명확한 학습 정보 전달을 위한 가독성 증진'이 중요한 e-러닝 설계 전략으로 제안되었는데, 이러한 가독성과 관련된 논의를 하면 다음과 같다. e-러닝에서 가독성이 중요한 이유는 웹에서의 전자텍스트는 일반적인 인쇄 텍스트와 비교해서 가독성(legibility)이 낮기 때문이다. 가독성은 텍스트를 읽고 학습하는 것이 쉽거나 어려워 보이는 정도로서, 제시된 정보를 지각하고 의미를 파악하는 데 있어서의 용이성과 명료성으로 정의될 수 있다(Hartley, 1985). 그런데 컴퓨터 스크린의 화면은 여러 개의 점(dots)에 의해 글자나 그림을 구성하는데, 이것은 저해상도 화면이어서 글자의 선명도가 좋지 못하다(엄우용, 1993). 그래서 학습자가 텍스트를 읽고 의미를 파악하는 과정에서 인쇄텍스트보다 불편함을 느끼게 되며, 이러한 요인이 학습에 영향을 미치게 된다. 따라서 e-러닝 환경에서 학습자의 만족도를 높이고 효과적으로 텍스트를 이해시키기 위해서는 설계 시에 텍스트의 가독성을 높이는 방법을 고려해야 한다.

e-러닝에서 텍스트의 가독성을 증가시키는 전략은 비단 시각장애 학생들에게만 해당되는 것이 아니다. 시각적 학습 정보를 자막과 함께 보면서 학습해야 하는 청각장애 학생의 경우는 시각적 정보처리의 부담이 증가된다. 따라서 텍스트의 가독성을 증가시키는 것은 청각장애 학생들의 시각적 정보처리 과정에 도움을 주게 된다. 또한 글자와 바탕색의 대비가 낮아서 글자를 명확히 구분하기 어렵거나 뚜렷하지 않은 색상으로 강조해서 눈에 잘 안 띄는 문제는 시각·청각장애 외의 학생들의 학습에도 부정적인 영향을 미치게 될 것이다. 따라서 텍스트의 가독성을 증가시키는 것, 특히 대비와 강조의 문제는 e-러닝 프로그램에서 중요하게 고려되어야 한다.

2. 보편적 설계의 적용 전략 비교

교수·학습 환경에서 보편적 설계 원리를 적용한 여러 선행연구들(Bowe, 2000; Rose & Mayer, 2002; Scott, McGuire & Shaw, 2003)과 비교해 보면, 장애대학생들이 실제 연구에 참여하여 전략에 대한 평가 의견을 반영하였다는 것과 일반적 강의실 교육에 초점을 두는 것이 아니라 대학에서의 e-러닝 환경에 초점을 두었다는 것이 선행연구들과의 차이점이다.

선행연구들에서 제시하고 있는 전략들의 차이점을 살펴보면 다음과 같다. 우선, Rose & Mayer(2002)의 UDL은 미시적이고 구체적인 전략보다는 거시적이고 일반적인 교수 방법에 초점을 두고 있다. 복합적이고 융통성을 가진 정보 제시 방법과 상호작용 방법 등에 초점을 두고 있지만, e-러닝 환경이나 웹의 활용에 적용할 수 있는 구체적인 화면 설계 전략은 강조하지 않는다. 그러나 도구의 선택권을 제공하는 것과 교수 자료에서 중요한 특징을 시각적으로 강조하는 것은 본 저서에서 제안된 전략들과 일치하는 것이다. 또한 상호 작용 측면을 강조한 기술 시연의 융통성과 지속적인 피드백 제공은 e-러닝에서도 중요시되어야 하는 전략임을 알 수 있다. 이와 같이, 보편적 설계 기반의 e-러닝 설계 전략은 구현되는 환경이 웹 상황으로 옮겨져 좀 더 가시적으로 뚜렷하게 보여주고 있지만, 기본적으로 강조되는 보편적 설계의 원리는 선행연구들과 일관된다는 것을 발견할 수 있다.

Scott, McGuire, & Shaw(2003)이 제시한 UDI는 장애대학생의 대

학교육 상황에 초점이 맞추어졌다는 것이 본 연구와의 공통점이다. UDI에서는 대학교육 상황에서 접하게 되는 인터넷, 컴퓨터, 보조공학의 활용, 온라인 수업 등이 보편적 설계 전략의 적용 방안으로 제시되고 있다. UDI에서는 대학 수업에서 장애대학생을 위해 온라인 수업 자료 및 온라인 토론, 다양한 테크놀로지를 활용하는 것을 강조하고 있지만, 이것들을 구체적으로 어떻게 설계해야 하는지는 언급하고 있지 않다. 즉 온라인 수업 자료나 연습 기회 등의 방안 자체는 제안하고 있지만, 시각·청각·지체장애 대학생들의 장애 특성을 어떻게 반영해서 구체적으로 설계할지는 언급하지 않는다. 본 연구에서는 이러한 부분에 대한 구체적인 전략을 제안하고 있다. 비록 UDI처럼 대학교육과 밀접한 관련을 가진 프로젝트, 과제, 보고서, 소그룹 토론 등은 다루고 있지 않지만, 대학에서 온라인 수업 환경을 어떻게 설계해야 하는지에 대한 구체적 전략을 제공하고 있는 것이 UDI와의 차이점이다.

Bowe(2000)가 제안하는 UDE는 웹이나 컴퓨터를 기반으로 하는 학습 환경을 초점으로 하여 전략을 제시하고 있는 것이 본 연구와의 공통점이다. 전략의 내용을 구체적으로 비교해 보면, UDE에서 제안하는 다양한 매체의 정보 제공, 텍스트 설정 조정, 강조기법, 스크린 사이즈 조정, 대체 텍스트 제공 등과 같은 전략은 본 연구의 전략들과 일치한다. 그러나 보편적 설계에서 '접근과 사용을 위한 크기와 공간', '단순·직관적 사용'의 원리에 해당되는 신체 능력에 따른 입력 체계의 선택, 직관적 사용을 위한 배치 전략들은 UDE에서 언급하고 있지 않는다. 앞서 제시한 <표 13>을 보면 UDE에서는 이 두 가지 보편적 설계 원리에 해당하는 전략이 적음

을 쉽게 알 수 있고, 이 영역보다는 '사용시 융통성'과 '인식 가능
한 정보'에 해당하는 학습 정보 제시 전략에 더 초점이 맞추어졌
음을 알 수가 있다.

지금까지 제시한 여러 선행연구들과의 적용 전략 비교를 그림으
로 제시하면 다음 [그림 42]와 같다.

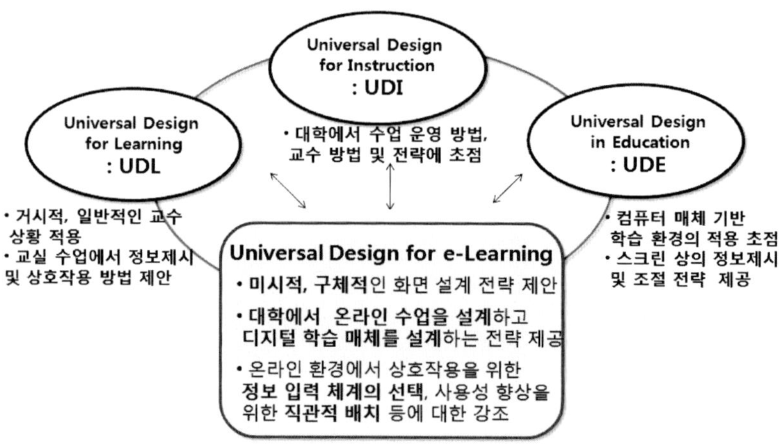

[그림 42] 본 연구의 설계 전략과 선행연구의 적용 모델들과의 비교

3. 사용성 향상을 위한 보편적 설계의 요소

보편적 설계의 기본 이념은 장애인과 같이 특정 대상만을 위한
것이 아니라 모든 사용자들을 위한 일반 시설로 이용되어 궁극적
으로 사용성이 높은 환경을 만드는 것이다(Center for Universal
Design, 1997). 따라서 교수·학습 환경에 보편적 설계 원리를 적

용하는 것은 장애라는 특별한 표찰 없이 모든 학생들이 같은 환경
에서 교육을 받으면서 가능한 한 모두의 사용성을 높여야 한다.
만약 e - 러닝 프로그램에서 시각장애 학생들의 접근을 위한 기능
요소가 비장애학생이나 다른 장애학생 입장에서 미관적으로 좋지
않거나 사용하기 불편하다면, 모두의 사용성을 향상시키지 못하는
것이므로 보편적 설계의 원리를 적절히 실현하지 못하게 된다.

　　장애학생 및 비장애학생들을 포함하여 가능한 한 모두의 사용성
을 높이는 보편적 설계를 구현하기 위해서 고려해야 할 요소들을
제안하면 다음과 같다.

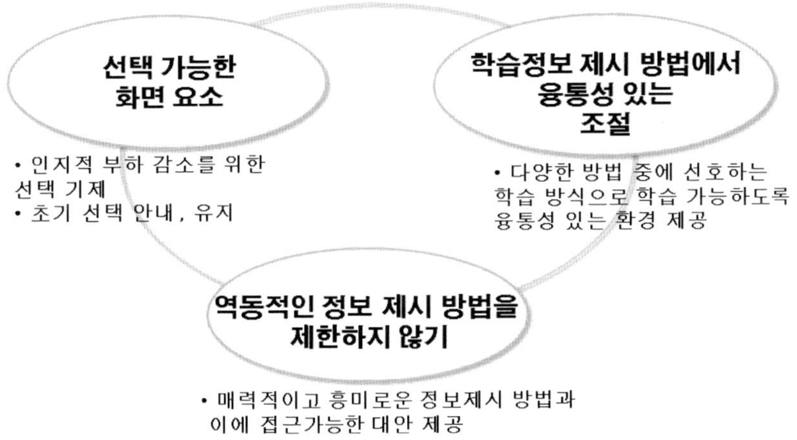

[그림 43] 전반적 사용성 향상을 위해 필요한 보편적 설계의 요소

　　첫째, 장애학생을 포함하여 다양한 특성을 가진 다수의 학생들
의 사용성을 향상시켜 학습에 긍정적인 영향을 미치게 하기 위해
서는 선택 가능한 화면 요소가 필요하다. 특정한 몇 명의 사용성
을 증가시키는 것이 아니라, 전반적인 학습자의 사용성을 증가시키

기 위해서는 일부의 장애학생들에게만 필요한 기능이나 요소에 대해서 이것이 필요하지 않은 다른 학생에게 구체적으로 안내하거나 주의를 집중시키지 않는 것이 좋다. 예를 들어, 시각장애 학생에게만 필요한 메뉴가 비장애학생들이 학습할 때도 계속 공간을 차지하면서 제시되어 있다면 비효율적인 정보 제시 방법일 것이다. 이러한 경우에는 원하는 학생들에게만 보이도록 메뉴를 선택할 수 있도록 해야 한다. 그러나 이러한 기능이 있는지조차 모를 경우가 있으므로 반드시 학습을 시작하는 초기에 기능에 대해 구체적인 설명을 하고 선택과 해지가 어떻게 이루어지는지에 대한 명확한 정보를 전달해야 할 것이다. 그리고 특정 기능에 대해서 불필요한 텍스트나 음성 설명을 지속적으로 제공해서 학습자의 주의를 분산시키면 학습 효과를 저해하게 한다. 이러한 부정적인 영향을 없애기 위해서는 특정 화면 요소를 원하는 학생들에게만 활성화하고 원하지 않는 학생들에게는 보이지 않도록 하는 선택적인 제시 방법 기제가 필요하다. 이렇게 하면 장애학생들의 개별적인 욕구도 충족시키면서 해당 장애가 없는 학생들이 선택하지 않으면 제시되지 않도록 해서 학습을 방해하지 않게 된다. 이러한 선택적인 화면 요소를 사용할 경우에, 초기에 특정 기능을 원하는지에 대해서 선택하도록 하고 선택을 한 학생들에게만 일관적으로 안내하고 강조하도록 하는 것이 필요할 것이다.

둘째, 장애학생 및 비장애학생들의 전반적인 사용성을 높이기 위해서는 학습 정보 제시 방법에 대해 융통성 있는 조절 기능이 필요하다. 그래픽이나 동영상의 제시 크기나 속도를 조절할 수 있도록 하는 것은 시각장애나 청각장애 학생의 정보 전달 정확성을

높이는 것에도 기여하지만, 비장애학생들이나 지체장애 학생들도
자신의 선호에 따라서 선택해서 더 명확하고 정확하게 정보를 학
습할 수 있는 기회를 제공하게 된다. 또한 학습자가 적극적으로
자신이 알고 있는 지식과 생각을 입력하고 선택해야 하는데, 이러
한 과정에서도 한 가지 방법만 가능하도록 하는 것이 아니라 여러
방법이 가능하도록 다양한 융통성의 적용이 필요하다.

학습자가 자신이 선호하는 정보 제시 방법에 맞게 학습할 수 있
도록 제시하는 것은 학습 선호도 이론(learning preference theory)과
밀접하게 관련된다. 학습 선호도 이론에 따르면, 학습 정보를 여러
가지 형태로 제공하고 학습자가 스스로 조절할 수 있는 기회를 제
공하면 더 효율적, 효과적인 학습이 이루어지게 된다(Riding &
Douglas, 1993; Riding & Warrs, 1997). 왜냐하면 학습자들은 자신
이 습관적으로 사용하고 선호하는 양식으로 정보가 제시되면 쉽게
정보를 처리하지만, 그렇지 않은 경우에는 제시된 정보를 자신이
선호하는 양식에 부합되게 다시 재조직하려 하기 때문에 부가적인
노력이 요구된다(조경자·한광희, 2002). 따라서 학습자가 자신의
장애 특성이나 선호하는 학습양식에 따라 효과적, 효율적인 학습이
이루어지도록 하기 위해서는 융통성 있는 교육 환경을 구성해야 한
다. 결론적으로, 특정 장애학생들을 위한 학습 정보 제시방법의 조
절 기능은 장애학생 외의 학생들에게도 자신이 선호하는 상황에서
학습할 수 있도록 함으로써 전반적으로 제시의 효과성, 기능성을
높일 수 있다. 따라서 이러한 기제는 보편적 설계의 기본적 원리,
장애학생만을 위한 것이 아니라 모두에게 사용성을 향상시키는 원
리의 적용이라고 할 수 있다.

셋째, 역동적인 정보 제시 방법에 제한을 두지 않아야 가능한 한 모두의 사용성을 증진시킬 수 있다. 장애학생들이 사용하기에 복잡하지 않도록 무조건 단순하고 크게 설계하고 플래시애니메이션과 같은 역동적인 정보 제시 방법은 지양하는 것이 보편적 설계의 원리를 적용하는 것은 아니다. 왜냐하면 e-러닝의 큰 장점 중 하나가 매력적이고 흥미로운 학습 내용 제시 방법인데, 이를 제한한다면 비장애학생이나 이를 원하는 다른 장애학생들의 사용성을 저해하고 더 나아가 학습효과성을 떨어뜨리기 때문이다. 따라서 보편적 설계의 원리에 근거한 e-러닝 설계 전략은 멀티미디어를 통해 다양하고 역동적인 정보 제시 방법을 사용하면서 장애학생들이 동일한 학습 내용에 접근할 수 있는 대안(alternative)과 선택사항을 같이 마련해 주는 것이다.

4. e-러닝에서 보편적 설계 적용의 의의

교수·학습 환경에서 보편적 설계 원리를 적용한 기존의 선행연구들은 교실 교육에 초점을 두어 일반적인 교수·학습 전략을 제시한 것에 반해, 본 저서에서는 장애학생 고등교육을 위한 e-러닝 환경에 초점을 두어 일반적인 전략이 아닌 특수화된 상황에 맞는 세분화된 설계 전략을 도출하였다. 그리고 보편적 설계 원리를 적용한 실제 e-러닝 프로그램의 예시를 보여줌으로써, 개념이나 원리의 나열에서 그치는 것이 아니라 구체적인 적용 방안을 보여주고 있다. 그래서 보편적 설계 원리가 상황에 따라 본래의 원리와는 다르게 해석되고 적용되는 구현의 문제점을 줄일 수 있을 것이다.

앞으로 장애학생들은 e-러닝 환경에 더욱 노출될 것이며, e-러닝을 적극적으로 활용할 필요성이 더 높아지게 될 것이다. 이와 같은 추세에 본 저서는 e-러닝 설계자 및 개발자에게 보편적 설계 기반의 구체적인 설계 전략을 제공해 줄 수 있을 것이다. 그리고 실제 e-러닝 프로그램의 분석, 설계, 개발 과정에 원리를 적용하는 과정을 보여주면서, 이론의 구현 과정을 통해 더욱 발전된 실제적인 보편적 설계 기반의 e-러닝 설계 전략을 제시해 주는 데 그 의의를 찾을 수 있다.

보편적 설계는 머물러 있는 고정적인 전략이나 지침이 아니라, 더 보편적이고 사용성이 높도록 상황에 맞추어 변화되어야 하는 원리이다. 보편적 설계 원리가 교육의 한 패러다임으로서 가치와 이념의 수준에만 머물지 않기 위해서는 앞으로 장애학생 교육에 어떻게 적용 가능한지를 여러 교육 상황에서 꾸준히 검증해 보는 것이 필요하다. 본 저서의 내용은 시각·청각·지체장애 학생 중심으로 이루어졌는데, 평생교육, 초·중등교육으로 교육 환경의 범위를 확장하고 다양한 연령의 다양한 장애를 가진 대상자로 범위를 확장하여 보편적 설계 원리의 적용성을 꾸준히 탐색해야 할 것이다.

덧붙여, 우리나라에서 1980년대에 '통합교육'이 시작되면서 법적, 제도적인 지원과 사회적으로 많은 관심을 불러 모았지만, 실제로는 통합교육을 받고 있는 장애학생들이 분리교육 때보다도 못한 개별화 교육을 받고 있다는 조사 연구들이 나왔다. 그리고 최근에는 통합교육의 실제적 효과성과 효율성에 대해 여러 논쟁이 계속적으로 이루어지고 있다. 이러한 맥락에서 보편적 설계가 통합교육처럼 실제적인 실효성의 의문이 제기되는 논쟁거리가 될 것인지, 교수·학습 환경에서 효과성을 안정적으로 가질 수 있을지에 대해서는 앞으로 철저한 준비와 연구가 필요할 것이다. 따라서 보편적 설계 원리가 효과적인 교수·학습 방법으로서 어떠한 영향력을 가지는지를 탐색하고 그 실효성을 검증하는 과정이 뒤따라야 할 것이다.

마지막으로, 보편적 설계는 가능한 한 다양한 특성을 가진 사람들이 편리하게 사용할 수 있도록 환경을 설계하는 것이지만, 현실적으로 모든 상황에서 모든 사람이 편리하게 사용할 수 있는 환경을 개발하는 것은 어려운 일이다. 분명히 보편적 설계가 어려운 환경에서는 여전히 장애인을 위한 특수한 장치나 기구, 즉 보조공학이 사용되어야 한다. 보편적 설계 이론에 근거한 교수 설계가 장애인의 보조공학 사용 비율을 낮출 수는 있지만, 개별적으로 장애학생에게 필요한 지원을 보편적 설계의 교육 환경이 모두 대체해 줄 수는 없을 것이다. 따라서 '보편성'을 구현하는 과정에서 일부 장애학생들에게 부족함이 존재하지 않도록 보조공학과 개별 지원과 같은 '특수성'의 구현이 어떻게 조화롭게 이루어질 수 있는지에 대한 연구가 필요할 것이다.

참고문헌

강명희, 이미화, 송상호(역)(2004), 『이러닝(e‑Learning) 성공전략』, 서울: 서현사. B. H. Khan(2004), e‑*Learning Strategies*.

강혜경·박은혜(2002), 「장애아동을 위한 특수교육공학의 활용 및 지원 방안」, 『특수교육연구』 9(2), 3‑25.

교육과학기술부(2008). 특수교육 연차보고서. 교육과학기술부 정기국회 보고자료.

김남순(2001), 「장애학생의 특례입학과 대학시설환경 및 제도에 대한 연구」, 『특수교육학연구』 36(1), 81‑97.

김동연(2000), 「장애학생 고등교육 정책의 과제」, 『한국특수교육학회 춘계 학술심포지엄 자료집』, 113‑149.

김동일·손지영(2006), 「장애대학생의 효과적 학습 지원을 위한 e‑러닝 활성화 방안」, 『2006년도 교육정보화 정책 연구보고서』, 한국교육학술정보원.

김동일·이혜정·손지영(2005), 「대학교육의 질 제고를 위한 Blended e‑Learning 체제 정착 방안 연구‑S대학교 사례를 중심으로」, 『아시아교육연구』 6(4), 97‑123.

김성애·박찬웅·이해균(2003), 「장애 대학생 학업성취 실태 및 대학생활 요구 분석」, 『특수교육학연구』 37(4), 335‑357.

김용욱(2000), 「장애대학생들을 위한 효율적인 가상강좌 연구」, 『난청과 언어장애연구』 23(3), 193‑211.

김헬레나(2000), 「장애학생 고등교육 지원체계에 관한 연구」, 미간행 석사학위논문, 연세대학교 대학원.

노석준(2006), 「보편적 설계 원리의 교수·학습에의 적용: 보편적 학습 설계」, 『제11회 이화특수교육 학술대회 자료집』, 17－27.

소효정(2006), 「보조공학과 교육공학의 적용을 통한 장애 대학생의 지원 －미국 대학의 사례연구」, 『제4회 한국재활복지대학 통합교육 환경 개선 세미나 자료집』, 77－99.

엄우용(1993), 「CRT 밀도와 학습자 만족도 및 학업성취도에 미치는 영향」, 미간행 석사학위논문, 고려대학교 대학원.

육주혜(2003), 「장애학생의 멀티미디어 접근」, 『특수교육학연구』 37(4), 77－95.

육주혜·전경일(2004), 「미국의 특수교육공학 관련 제도 연구」, 『특수교육학연구』 39(1), 169－187.

윤광보·김용욱·권혁철(2002), 「장애학생의 학습을 위한 보편적 설계의 실행 방안」, 『특수교육학연구』 37(3), 263－282.

윤점룡·김주영(2002), 『장애인 대학입학 특별전형제도 실행 이후 학내 지원체계 현황 및 개선방안 연구』, 서울: 국가인권위원회.

이근민·김인서(2004), 「지체장애 아동을 위한 컴퓨터 교육실 구축 모델 및 대체접근을 통한 컴퓨터 접근성 향상에 관한 연구」, 『중복지체부자유아교육』 43, 161－179.

이성일(2004), 『정보통신 접근성 현황과 보편적 접근 방법의 설계』, 한국정보문화진흥원 이슈리포트.

이소현·박은혜(2006), 『특수아동교육(2판)』, 서울: 학지사.

이지선·이병수·장병옥(2006), 「사이버교육 콘텐츠의 웹 접근성 분석 및 평가」, 『교육정보미디어연구』 12(3), 177－195.

임병노·임정훈·김동훈(2002), 『고등교육에서의 e－러닝 현황과 활성화 방안』, 한국교육학술정보원 연구보고서.

임철일(1995), 「교수설계이론을 위한 대안적 연구방법론의 탐색」, 『교육학연구』 33(3).

임철일(2003), 『원격교육과 사이버교육 활용의 이해』, 서울: 교육과학사.

임철일·조영환·장선영·하미리(2005), 「사용자중심설계 모형에 관한 개발 연구: 웹 기반 문제중심학습을 중심으로」, 『교육학연구』 43(3), 231－263.

정인성 · 나일주(2004), 『원격교육의 이해(2판)』, 서울: 교육과학사.

정해진(2004), 「학습에 있어서의 보편적 설계」, 『장애아동과 테크놀로지』 4, 16 - 18.

조경자 · 한광희(2002), 「멀티미디어 환경에서 인지양식이 학습수행에 미치는 영향」, 『한국심리학회: 실험 및 인지』 14(3), 165 - 185.

조광순(1996), 「보조공학과 유아특수교육」, 『정서학습장애연구』 12(2), 75 - 97.

조미헌 · 김민경 · 김미량 · 이옥화 · 허희옥(2004), 『e - Learning 컨텐츠 설계』, 서울: 교육과학사.

한국정보문화진흥원(2005), 『장애인정보격차실태조사』, 한국정보문화진흥원연구보고서.

한국정보문화진흥원(2006), 『2006 웹 접근성 실태조사』, 연구보고 06 - 11.

한국정보통신기술협회(2004), **한국형 웹 콘텐츠 접근성 지침 1.0.** http://sangmin.tistory.com/attachment/cm228.pdf

한국통합교육학회(편)(2005), 『통합교육』, 서울: 학지사.

한성희(2002), 「재활에서의 컴퓨터 테크널러지의 활용」, 『특수교육학연구』 36(4), 287 - 310.

Beset, S. J., Heller, K. W. & Bigge, J.(2005). *Teaching individuals with physical, or multiple disabilities(5th ed.)*. Upper Saddle River, NJL Merrill.

Bowe, F. G.(2000). *Universal design in education: Teaching nontraditional students*. Westport, Connecticut: Bergin & Garvey.

Burgstahler, S.(2006). Universal design of instruction: Definition, principles, and examples. Retrieved May 6, 2006, from http://www.washington.edu-/doit/Brochures/Academics/instruction.html.

Center for Applied Special Technology(2004). CAST products. Retrieved May 15, 2006, from http://www.cast.org/products

Center for Universal Design(1997). Environments and products for all people. Raleigh: North Carolina State University, Center for Universal Design. Retrieved May 15, 2006, from http://www.design.ncsuedu/cud/univ_design/ud.htm.

Craig, S. D., Gholson, B. & Driscoll, D. M.(2002). Animated pedagogical agents in multimedia educational environments: Effects of agent properties, picture features, and redundancy. *Journal of Educational Psychology, 94(2)*, 428 – 434.

Elacqua, T.(1996). *Perceptions of classroom accommodations among college students with disabilities*. Washington, D.C: EDRS.

Ericsson, K. & Simon, H.(1994). *Protocol analysis: verbal reports as data*. Cambridge, MA: MIT Press.

Gomes, P. V.(1996). *Usability feedback in education software prototypes: A contrast of users and experts*. Unpublished doctoral dissertation, Michigan State University.

Hallahan, D. P. & Kauffman, J. M.(2003). *Exceptional learners: Introduction to special education(9th ed.)*. Boston: Allen and Bacon.

Harrison, S. M.(1995). A comparison of still, animated, or nonillustrated on – line help with written or spoken instruction in a graphical user interface. *CHI '95 Proceedings*.

Hartely, J.(1985). *Designing Instructional Text(2nd ed.)*. New York: Nichols.

Henry, S. L.(2002). *Understanding Web accessibility*. Retrieved November 20, 2006, from http://www.macromedia.com/macromedis/accessibility/ pub/acc_sites_chap01.pdf

Hill, J. R. & Hannafin, M. J.(1997). Cognitive strategies and learning from the World Wide Web. *Educational Technology Research and Development, 45(5)*, 37 – 64.

Hitchcock, C.(2001). Balanced instructional support and challenge in universally designed learning environments. *Journal of Special Education Technology, 16(4)*, 23 – 30.

Hitchcock, C.(2002). Providing new access to the general curriculum. Teaching *Exceptional Children, 35(2)*, 8 – 17.

Kalyuga, S., Chandler, P. & Sweller, J.(1998). Levels of expertise and instructional design. *Human Factors, 40*, 1 – 17.

Kalyuga, S., Chandler, P. & Sweller, J.(1999). Managing split－attention and redundancy in multimedia instruction. *Applied Cognitive Psychology, 13*, 351－371.

Lewis, R. B.(1993). *Special education technology: Classroom applications*. Pacific Grove, CA: Brooks.

Lim, B. R.(2001). *Guidelines for designing inquiry－based learning on the web: Online professional development of educators*. Unpublished doctorial dissertation, Indiana University. Bloomington.

Lim, C. I.(1994). *Formative research on an instructional theory for conceptional understanding*. Unpublished doctoral dissertation, Indiana University Bloomington.

Lincoln, Y. S. & Guba, E. G.(1985). *Naturalistic inquiry*. Newbury Park, CA: SAGE Publications, Inc.

Mace, R. L.(1985). Universal design: Barrier free environments for everyone. *Designers West, 33(1)*, 147－152.

Mayer, R. E.(1999). Multimedia aids to problem－solving transfer. International *Journal of Educational Research, 31*, 611－624.

Mayer, R. E. & Anderson, R. B.(1991). Animated needs narrations: an experimental test of a dual－coding hypothesis. *Journal of Educational Psychology, 83*, 484－490.

Mayer, R. E., Heiser, J. & Lonn, S.(2001). Cognitive constraints on multimedia learning: When presenting more material results in less understanding. *Journal of Educational Psychology, 93(1)*, 187－198.

Mayer, R. E. & Moreno, R.(1998). A split－attention effect in multimedia learning: Evidence for dual processing systems in working memory. *Journal of Educational Psychology, 90*, 312－320.

Mayer, R. E. & Moreno, R.(2002). Aids to computer－based multimedia learning. Learning and Instruction, 12, 107－119.

Meyer, A. & O'Neill, L. M.(2000). Supporting the motivation to learn: How universal design for learning can help. *Exceptional Parent,*

30(6), 35 − 39.

McGuire, J. M., Scott, S. S. & Shaw, S. F.(2006). Universal design and its applications in educational environments. *Remedial and Special Education, 27(3)*, 166 − 175.

Mousavi, S. Y., Low, R. & Sweller. J.(1995). Reducing cognitive load by mixing auditory and visual presentation modes. *Journal of Educational Psychology, 87*, 319 − 334.

Nielsen, J.(2000) *Designing Web Usability*. New Riders Publishing: Indiana USA.

Orkwis, R. & McLane, K.(1998). *A curriculum every student can use: Design principles for student access*. Reston, VA: Council for Exceptional Children.

Reeves, T. C. & Harmon, S. W.(1994). Systematic evaluation procedures for interactive multimedia for education and training. In R. Sorel(1994). *Multimedia Computing: Preparing for the 21st Century(pp.472 − 505)*. Harrisburg, PA: Idea Group Publishing.

Reigeluth, C. M.(1989). Educational technology at the crossroads: New mindsets and new directions. *Educational Technology Research & Development, 37(1)*, 67 − 80.

Reigeluth, C. M. & Frick, T. W.(1999). Formative research: A methodology for creating and improving design theories. In C. M. Reigeluth(Ed.), *Instructional −design theories and models: An overview of their current status*. Lawrence Erlbaum Associates, Inc.

Pavio, A.(1990). *Mental representations: A dual coding approach*. New York: Oxford University Press.

Penny, C. G.(1989). Modality effects and the structure of short term verbal memory. *Memory and Cognition, 17*, 398 − 422.

Plass J. L., Chun, D. M., Mayer, R. E. & Leuter, D.(1998) Suporting visual and verbal learning environment. *Journal of Educational Psychology, 90*, 25 − 36.

Riding R. J. & Douglas, G.(1993). The effect of cognitive style and mode of presentation on learning performance. *British Journal of Educational Psychology, 63,* 297 − 307.

Riding R. J. & Watts, M.(1997). The effect of cognitive style on the preferred format of instructional material. *Educational Psychology, 17,* 179 − 183.

Roh, S. Z.(2004). *Designing accessible web − based instruction for all learners: Perspectives of students with disabilities and web − based instructional personnel in higher education.* Unpublished doctoral dissertation, Indiana University Bloomington.

Rose, D.(2001). Universal design for learning. Associate editor's column. *Journal of Special Education Technology, 16(4),* 64 − 67.

Rose, D. & Meyer, A.(2002). *Teaching every student in the digital age: Universal design for learning.* Alexandria, VA: Association for Supervision and Curriculum Development (ASCD).

Rosenberg, M. J.(2001). *E − learning: Strategies for delivering knowledge in the digital age.* Mcgraw − hills.

Scott, S. S., McGuire, J. M. & Foley, T. E.(2003). Universal design for instruction: A framework for anticipating and responding to disability and other diverse learning needs in the college classroom. *Excellence & Equity in Education, 36,* 40 − 49.

Scott, S. S., McGuire, J. M. & Shaw, S. F.(2003). Universal design for instruction: A new paradigm for adult instruction in postsecondary education. *Remedial and Special Education, 24(6),* 375 − 376.

Seale, J. K.(2006). *E − Learning and Disability in Higher Education.* New York: Routledge.

Weber, R. P.(1990). *Basic content analysis(2nd edition).* Newbury Park: Sage Publications, Inc.

Welch, P.(Ed.).(1995). *Strategies for teaching universal design.* Boston: Adaptive Environments.

West, M., Kregel, J., Getzel, E. E., Zhu, M., Ipsen, S. M. & Martin, E. D.(1993). Beyond Section 504: Satisfaction and empowerment of students with disabilities in higher education. *Exceptional Children*, 59, 456 – 467.

손지영

▌약력

이화여자대학교 특수교육과 졸업
이화여자대학교 특수교육학 석사
서울대학교 교육학과 교육공학 전공 석사
서울대학교 사범대학 교육학박사(특수교육 전공)
(현) 서울대학교 교육연구소 객원연구원
(현) 가톨릭대학교 의과대학 의학교육학과 연구교수

▌주요논문 및 저서

장애 대학생의 효과적 학습 지원을 위한 e-러닝 설계 전략
e-러닝에서 보편적 설계의 적용에 대한 사용성 평가 연구
중등 학습장애 학생을 위한 테크놀로지 기반 중재에 관한 고찰
장애대학생 수업 지원에 대한 교수자의 인식과 지원방안

장애학생 고등교육을 위한

e-러닝과 보편적 설계
Universal Design

초판인쇄 | 2009년 7월 15일
초판발행 | 2009년 7월 15일

지은이 | 손지영
펴낸이 | 채종준
펴낸곳 | 한국학술정보㈜
주 소 | 경기도 파주시 교하읍 문발리 파주출판문화정보산업단지 513-5
전 화 | 031) 908-3181(대표)
팩 스 | 031) 908-3189
홈페이지 | http://www.kstudy.com
E-mail | 출판사업부 publish@kstudy.com

등 록 | 제익사-115호(2000. 6. 19)
가 격 20,000원

ISBN   (Paper Book)
       978-89-268-0166-6 98370(e-Book)

내일을여는지식 ■ 은 시대와 시대의 지식을 이어 갑니다.